実践Q&A
コストダウンのはなし

吉田栄介・伊藤治文〔著〕

COST
DOWN

中央経済社

はじめに

コストの話は地味でつまらない。そう感じている読者の方も多いのではないでしょうか。簿記や原価計算を勉強したことのある方なら，なおさらかもしれません（笑）。検定試験や学校で習う簿記や原価計算は「計算手続き」が中心で，覚えることが多く，退屈な印象を受けるかもしれません（もちろん，最初から，簿記の美しい計算構造に魅了された方には何の問題もありません）。

本書は，そうした簿記や原価計算の勉強で挫折した人や，そもそも会計の勉強をしたことのない人から，業種や組織規模を問わず，コストに関心をお持ちのすべての人に読んでいただきたいと思っています。

本書を通じて，コストの視点が企業経営の根幹であることが，ご理解いただけると信じています。コストのマネジメントは，見た目の派手さはありませんが，組織の循環器系と言えます。組織の隅々まで，血液（酸素や栄養）を循環させる心臓の役割だけでなく，血圧や血の状態までも常時モニターする人工システムです。優れたコスト・システムを構築し，うまく運用するのには，長年の積み重ねと日々の愚直な努力が必要です。そのため，組織間で大きな差が生じやすい持続的競争優位の源泉の１つであるとも言えます。

重要な組織能力でありながら，組織がコストのマネジメント能力を身につけるのは，実は，組織がかなり成長してからであることが多いのです。

メーカーは，社会・顧客に必要とされる「技術」がなければ創業できません。その後，企業が成長する中で，安定・高「品質」を獲得し，大企業との取引ができるようになります。さらに企業は成長を続け，多くの雇用を生み出し，社会的にも認められる企業になるため，安定した収益構造の基盤となる「原価（＝売上－利益）」のマネジメント能力を身につける必要が出てきます。

サービス業でも同じです。まずは顧客に求められる価値あるサービス，次に安定品質，最後に安定した利益・原価のマネジメントの順に獲得していくことになります。

なかなか獲得の難しいコストのマネジメント能力だからこそ，みなさんの組織を，次のステージにステップアップさせるために，しっかりとコストのマネジメントについて学んで欲しいと願っています。

本書の最もユニークな点は，学者と実務家の共著であることです。何年も前に出版社からこの本の企画を持ち込まれて以来，ずっと待ち望んでいた共著者との出会い，交流により，ようやく実現した企画です。

私の方は，コストマネジメント（原価管理）研究をライフワークとし，製造業，非製造業を問わず，多業種に渡る数百社の企業や地方自治体，病院，学校などさまざまな組織の調査・研究・アドバイスをしてきました。

伊藤氏の方は，富士ゼロックス株式会社の開発部門で，設計リーダー，開発商品QCD（Quality, Cost, Delivery）責任者を務めた後，原価管理部門で，原価推進責任者として原価企画を実践，さらに原価管理部長を務め，原価企画の課題解決や製造段階での全社原価改善の仕組みを構築しました。これらの経験から，講演や他企業へのアドバイスもしてきました。

この２人が，お互いの原稿に意見を出し合うことで，教科書的な説明から実践的なノウハウに至るまで，幅広い内容を網羅できたと考えています。

本書の構成は，３部構成になっています。

第Ⅰ部「コストダウンの３要素」では，「基本的な考え方」（第１章），「組織体制の整備と運用」（第２章），「コストダウン手法」（第３章）の３要素について解説します。コストダウンのノウハウを一朝一夕に獲得することは困難ですが，基本的な考え方を理解すること，適切な組織設計とプロセス・マネジメントを実践すること，役立つ手法についてその特徴を理解し適切に活用することが重要になります。

第Ⅱ部「コストダウンの実際」では，「開発・生産・調達のコストダウン」（第

４章）と「目標原価達成の阻害要因とその対策」（第５章）について解説します。第Ⅱ部では，より具体的なコストダウンのノウハウについて，開発・生産・調達の別に解説するとともに，目標原価の達成を妨げる典型的な７つの問題点を挙げ，その対策についても解説します。

第Ⅲ部「富士ゼロックスの原価企画」では，富士ゼロックスの取り組みを，第Ⅰ部で解説する「考え方」，「組織整備，プロセス・マネジメント」，「ツールの活用」の３要素のすべてに優れた先進事例として紹介しています。また，そこで解説する「コスト変動リスク管理」の仕組みは，四半世紀前に紹介されながらもその詳細が不明であった目標原価達成活動における重要な取り組みです。

本書は，学生からビジネス・パーソンの方々まで，幅広い読者層を想定しています。業種についても，コストの話は，どうしても大規模製造業を想定した内容になりがちですが，サービス業や中小企業の方にもお役に立てるように，心がけて執筆しています。ですので，気軽な読み物としても，実務書としても，教科書としてもご活用いただけると思います。また，Q&A形式の構成ですので，始めからでなくても，どこからでも好きなところからお読みください。

それでは，実は楽しく奥深い「コストの世界」をご堪能ください。

2021年１月

吉　田　栄　介

CONTENTS

第3章　コストダウン手法

第Ⅱ部　コストダウンの実際

第4章　開発・生産・調達のコストダウン

第Ⅲ部　富士ゼロックスの原価企画

第Ⅰ部
コストダウンの3要素

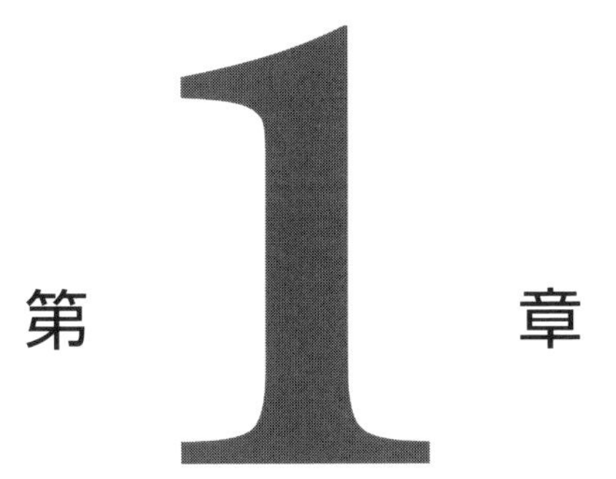

第1章 基本的な考え方

Q1 コストダウンへの誤解

コストダウンとは，販管費や人件費の削減とは違うのですか？

A

コストダウンの中心課題は，販管費（販売費及び一般管理費）や人件費の削減ではありません。ところが，コストダウンやコスト削減と聞くと，削れるところからコストをはぎ取り，切り詰めていくものだと誤解されがちです。

コストダウンが叫ばれるのは，売上が減るなどして，必要な利益を確保する（または損失を軽減させる）ためにコストを減らす必要があるからです。もちろん，売上動向にかかわらず，継続的なコストダウンの取り組みを実践している大企業もたくさんあり，そうした企業は「コストマネジメント（原価管理）」の実践企業と言えます。

必要な利益額を確保しながら，売上を伸ばすことができていれば，コストダウンに積極的に取り組まなくてもよいのかもしれません。でも，実際の企業間競争は厳しく，ほとんどの企業がコストダウンの取り組みなくして，必要な利益を確保することはできません。そこで，企業はムダなコストを削減し，必要な業務や商品・サービスも効率化することで，効率・効果的に，顧客満足度を高める努力を続けなければなりません。

つまり，重要なことは，「コストを通じて経営を見通す」真のコストマネジメント（原価管理）を実践して，必要な利益を確保することです。その具体的な方法については，本書を通じて明らかにしていきたいと思います。

それではなぜ「販管費の削減」は，コストダウンの中心課題とは言えないのでしょうか。もちろん，販管費の中にも，研究開発費など管理対象として重要なものも含まれますし，無駄遣いをなくし，コスト意識を高めるための啓発目的の一般管理費の削減という施策もありえますが，コストダウンの中心課題は，販管費以外にあることが多いのです。

コストダウンの対象は，基本的には，消費量や単価が大きいとか，金額の変動が激しいものが，マネジメント対象として重要性が高いと言えます。そうした観点から考えると，製造業の場合，販管費よりも製品原価のコストダウンの方がより重要な課題であることがおわかりいただけるでしょう。

また，販管費は，例えば「交通費，消耗品費，水道光熱費を節約するため，一律に10％削減」となりがちです。これはよくありません。

既存の勘定科目や費目にとらわれたコストダウンでは，業務に支障をきたす恐れがあります。例えば，交通費と一口に言っても，「既存顧客への訪問」，「新規顧客開拓のための営業」，「支店・倉庫への出張・外出」など多様な業務があるはずです。前の２つの業務は顧客接点のための重要な付加価値活動だと言える一方，最後の社内業務は効率化を図る余地があるかもしれません（➡ Q&A 2）。

このように既存の勘定科目や費目にこだわらずに，業務内容を精査して，不要な業務を浮かび上がらせ，必要な業務であっても効率化を志向することが重要になります。

では「人件費の削減」はどうでしょうか。人件費は販管費とは異なり，原価・費用構成上も高い割合を占め，金額も大きく，マネジメント対象として重要性が高い産業・企業は多いと思います。そのため，人件費に手をつければ短期的にコストダウン目標を達成できると考えるのは自然なことかもしれません。

しかしながら，人的資源は知識の源泉であり，人件費削減とともに知識，技術，経験が失われ，さらには会社への忠誠心，信頼関係も損なわれるかもしれません。そのため，代替可能性の高いほかの物的資源とは分けて考えなければ，持続的競争優位を獲得できないことは，今日では広く知られています。

Q2 要素還元主義の限界

支店や部署，電気代や出張旅費など，部門や会計費目ごとに削減目標を立てるやり方は古いのでしょうか？

A

要素還元主義とは，ある事象を理解するために，構成要素に分解して特徴を浮かび上がらせようとする考え方です。しかしながら，細分化すればすべてがより見えるようになるわけではなく，むしろ全体が見えなくなることもあるのです。全体は全体として把握することでしか見えないこともありますし，適切な視点と範囲で見ることが重要です。

では，適切な視点とはどのようなものでしょうか。社内でこれまで使われてきた会計費目の括り方は，財務会計（株主や債権者などの企業外部の利害関係者に向けた財務報告）目的で策定されており，マネジメント目的で活用するには，必ずしも最適な分類になっていないことも多いのです。

そのため，コストダウンを実施するためには，すでにある会計費目にとらわれることなく，意思決定に必要な括りで費用データを収集する必要があります。

例えば，社内でこれまで「営業費用」という費目でデータを集計したものを，そのまま目標設定に使ってしまうと，「営業費用の一律５％削減」といった目標になりがちです。そうではなく，経営意思決定のために重要と考える視点から，「新規顧客の獲得業務」と「既存顧客の維持業務」とに分けてみましょう。新規顧客の獲得を目指すあまり，既存顧客への目配りが十分ではなかったという問題意識を持っていれば，例えば，前者の費用を10％削減する一方，後者の費用を５％積み増すというメリハリのある意思決定ができるようになります。

加えて，そもそも費用面だけで意思決定することの限界もあります。営業戦略や顧客への働きかけの目的・方法，その成果を総合的に判断する必要があります。

支店や部署といった既存の組織単位ごとに，コスト削減目標を割り振るのはどうでしょうか。よい点は，既存の組織単位には責任者がいることです。コスト削減目標に責任をもつマネジャーがいなければ，いかなる目標達成活動もうまくはいきません。

よくない点は，支店や部署間のバランスを重視するあまり「一律5％削減」としてしまいがちなところです。組織メンバーが公正と感じる納得感を高める努力は必要ですが，組織意図にかなうメリハリの利いた目標設定が必要です。

例えば，競争の厳しい地域の支店では，コストをかけて地域シェアを拡げる戦略が必要な局面もありますし，配属部署にかかわらず若手社員の教育費は削減対象から外すなどの努力が，人財育成や仕事への意欲にもつながります。

適切な範囲については，全社的取り組みとして広い範囲でコスト削減に取り組むこともあれば，重点的に対象を絞る場合もあります。いずれの場合でも，人間の認知能力や情報処理能力には一定の限界があるので，対象が細かすぎても，どこに注力してよいのかわからなくなります。

近年注目を集めるKPI（Key Performance Indicators）も，あまりに多くのKPIを設定してしまうと，もはやkeyとは言えませんね。部分最適に陥らず，全社的目標に各部署・個人の目標のベクトルを合わせるために重要な業務目標を強調するのが本来の意義ですので，すべての業務を網羅しようとするのではなく，限られた数のKPIによって重要業務を強調する必要があります。

Q3 源流管理の重要性

コストダウンの主役は，工場や店舗などの最前線ではないのですか？

A

もちろん，コストダウンに限らず，マネジメントのための知恵や競争力の重要な源泉は，「現場」とも称される工場や店舗です。ただし，効率・効果的なコストダウンのためには，そうした伝統的に知られた「現場での取り組み」だけでは十分とは言えません。

より戦略的，全社的な取り組みが重要となります。そのため，全社的なコストダウンを目指す際には，まずコストの決定段階（いつ決まるのか）と発生段階（いつ発生するのか）を分けて考える必要があります。例えば，メーカーの場合，材料の調達や，調達材料を実際に加工する工場の生産ラインにおいて，多くの材料費や人件費が発生します。そのため，生産ラインでは，秒単位の作業動作の効率化や銭単位の使用材料のムダを削減する努力が，日々おこなわれています。こうした日常的・継続的な改善活動はもちろん重要です。

その一方で，コストの決定段階に遡れば，より多くのコスト削減が期待されます。実際に多くの産業において，商品の企画・開発段階で８割以上のコストが決定するとも言われています。

例えば，材料費の削減のために，生産ラインで歩留まり（使用原材料に対する製品量の割合）をよくすることはできますが，製造原価に占める外注比率の高い製品の場合は，生産を開始する以前に，調達部門の取り組みによって，大幅なコストダウンが見込める場合もあります。

さらに上流に遡れば，社内での加工方法や購買材料を決めているのは，設計図です。そのため，優れたコストダウンを実践している企業では，設計図が最終的に確定する前に，加工方法に精通している生産技術部門や，購買材料・部品やサプライヤー企業に通じた調達部門と連携する取り組みが実践されています。

このように，業務フローの源流に遡り，コストマネジメント（原価管理）を実践しようとする取り組みを源流管理と言います。源流管理は，設計段階がスタートではなく，商品企画や技術開発まで遡ります。さらには，製品開発フローの枠を超えて，事業単位の経営・利益計画，究極的には企業の中期経営計画で掲げられる各種の目標数値まで遡ることができます（➡ **Q&A 23**）。

目標の精度やコスト削減のための取り組み内容は，計画・利益計画の期間や開発段階によって異なります。詳細については，本書を通じて明らかにしていきたいと思います。

コストダウンの事例は，メーカーの話が多くなりますが，非製造業でも考え方に大きな違いはありません。上記のストーリーにおける生産ラインは非製造業では顧客接点に相当しますし，より重要なマネジメント・ポイントである設計業務は非製造業では計画業務に相当します。また，サービス業務は，メーカーにおける本社やライン業務以外のスタッフ業務とも類似します。

つまり，どのような業種・業態であれ，企画・開発・設計・計画といった源流業務が多くのコストを決定し，多くのコストが実際に発生する計画実施（サービスや生産）業務では，着実な計画実施と業務効率を維持・改善する日々の継続的な努力が欠かせません。

Q4 コストダウンの５つの原則

コストダウンを実施する上で，守るべき原則のようなものはありますか？

A

次に挙げる５つの原則が重要です。

第１原則：利益・原価の見える化

測定なくしてマネジメントはできません！

まずは，現状のコストがどうなっているのかを把握することが出発点です。優れた利益計画や実施計画を策定しても，実行する段階において，目標数値の達成状況を把握しながら業務を進めなければ，目標利益を達成することはできません。

そこで，マネジャー（予算管理者）は，業務フローの節目（業務プロセスの移行段階や月次など）に，意思決定に必要な利益・原価情報を測定し，計画どおりにコストダウンが進んでいない場合には，必要な対策を講じる必要があります。また，適切なタイミングで，関係者に理解容易な形式で，必要な利益・原価情報が開示され，関係者を巻き込んで，現状の進捗度を分析・判断する必要があります。

加えて，第４原則にも関係しますが，適切なタイミングで必要な原価見積情報を提供するために，原価見積能力を高めていくことも重要です。

第２原則：説明責任の明確化

結果の説明責任の所在を明確に！

すべての目標数値には責任者（担当マネジャー）を決めてください。結果について説明できる責任者のいない業務目標は考えられません。

ここで誤解してはいけないのが，「責任」とは，達成できなければ罰を与えるという類いのものではありません。担当マネジャーは，目標達成活動のためのPDCA（Plan-Do-Check-Action）サイクルをマネジメントし，目標未達の場合には，その原因を把握・説明し，次に打つべき対策を提案する「説明責任」を負っているのです。

第３原則：現場の知恵による問題解決

マネジメントツールが，経営問題を解決するわけではありません！

新たなマネジメントツール（経営管理手法やITツールなど）が登場すると，その有用性を尋ねられる機会は多いのですが，あくまでも組織の問題を解決するのはヒトであって，どれだけ優れたマネジメントツールも道具にすぎないことを忘れてはいけません。

組織の抱える問題を認識し，対策を立て，適切に実行していく。その際に，適切なマネジメントツールを活用すれば，施策の関係性や進捗状況がわかりやすくなったり，皆の納得が得やすいといったことは期待されますが，マネジメントツールが問題を解決するわけではありません。

多くの場合，解決策は現場の誰かが知っています。現場にあるアイデアにスポットライトを当て，部門横断的に共有し，ルール（規則・規程）化，ルーティン（習慣）化することで，組織の原価改善力も上がっていきます。その際には，社内だけでなく顧客（企業）やサプライヤー企業も巻き込んだ協働が展開できると，成果もより大きなものになります。組織・部門・職責を超えた現場の協働による問題解決に，ぜひ取り組んでください。

第４原則：利益・原価の作り込み意識（自律化）

利益・原価は，成り行き業務の結果ではなく業務プロセスで作り込む！

利益・原価を決めるすべての要因をマネジメントすることはできません。そこで，現場レベルで管理・影響可能なコストを，きちんとマネジメントしていくことが基本になります。PDCAサイクルを回して，業務スケジュールの節目ごとに目標利益・原価の達成状況を把握しながら，業務を進めていきます。

その際に重要となるのが，現場の方の意識です。数値目標を強制されたと感じるのと，自分達の本来業務であり創造的活動として利益・原価を作り込むのとでは，おのずと結果も変わってきます。現場の方々が意識を変え，自律的に利益を作り込む組織に変えていく必要があります。

第５原則：顧客価値の創造

顧客価値を創造する活動に注力を！

顧客とは，社外の顧客だけを指すのではなく，社内の他部門やほかのメンバーを含みます。業務のムダを排除する活動を実行する際に，まず，その業務が社外顧客の価値を生み出しているのかを判断する必要があります。顧客の要望を聞いたり，顧客に提供する商品やサービスを作り込む活動などは，顧客価値を創造する活動と言えます。一方，社内の業務分担を調整するための会議などは，直接的な顧客価値を創造する活動とは言えません。

次に，社内顧客のための必要な連携もあります。営業部門と製造部門，物流部門などが連携し，情報共有・問題解決を図ることは，他部門という社内顧客の価値創造活動を通じて，社外顧客の価値を創造することにつながります。

避けなくてはならないのが，現場の仕事を増やすだけの「管理のための管理」です。社内の伝統や慣習の中には，現状の仕事の仕方とは合わなくなってしまったものも存在するはずです。社内会議資料の完成度を求めすぎたり，決議事項と懇談事項の区別が曖昧な会議など，顧客価値をもたらさないムダな活動はたくさんあります。

また，マネジャーが多くの業務を抱えすぎていませんか。マネジャーがすべてを担うのではなく，任せれられる仕事を上手に部下に任せたり，時間配分を考えて，効率的に重要な業務のみに注力することがマネジメントの基本です（例外管理の原則）。

こうした顧客価値の創造に結びつく業務効率化のためのヒントがABM（Activity-Based Management）の考え方にあります。業務活動を企業内外の顧客にとっての付加価値活動と非付加価値活動に二分し，前者は効率化，後者は排除の方向で業務を見直していきます（➡ Q&A 20）。

● コストダウンの５つの原則 ●

【第１原則：利益・原価の見える化】
測定なくしてマネジメントはできない！
【第２原則：説明責任の明確化】
結果の説明責任の所在を明確に！
【第３原則：現場の知恵による問題解決】
マネジメントツールが経営問題を解決するわけではない！
【第４原則：利益・原価の作り込み意識（自律化）】
利益・原価は，成り行き業務の結果ではなく業務プロセスで作り込む！
【第５原則：顧客価値の創造】
顧客価値を創造する活動に注力を！

これらの５つの原則の難易度は，一様ではありません。

コストダウンの基本となる第１原則「利益・原価の見える化」は，まずは，現状のコストを把握すること，次に，将来のコストを見積もることと，難易度は上がり，コストダウン活動の成否を分ける時間をかけても取り組むべき重要な原則と言えます。

第２原則「説明責任の明確化」は，コストダウン活動の計画段階で責任者を置けば実現可能ですし，第３原則「現場の知恵による問題解決」も，そのように考えれば実践可能です。

第４原則「利益・原価の作り込み意識」と第５原則「顧客価値の創造」は，意識や考え方を変える必要があるので，時間のかかる継続的な取り組みが必要となります。

Column・1　京セラ・アメーバ経営に見る「人件費」の意味

JALを再生させた経営手法としてすっかり有名になった京セラのアメーバ経営。通常の利益責任単位として想定される事業部よりも小さな部や課・工程などの組織単位（アメーバ）ごとの利益管理を志向する取り組みです。

その経営管理上の特徴として，小集団部門別採算と時間当り採算が挙げられます。

時間当り採算とは，アメーバごとに売上（総生産）と費用を計算し，付加価値（＝総生産－人件費を除いた費用）を算出し，総時間で割ることで，アメーバごとの収益性を測ります。

ユニークなのは，人件費は費用に含めずに，アメーバごとの時間当り採算を算定する点です。

人件費を費用に含めないことの合理性として，現場のリーダーにとって人件費は固定費（売上の増減にかかわらず一定額が発生する費用）であったり，自身の裁量の範囲を超えるため，現場の問題に集中してもらうためとも言えます。

加えて，京セラ創業者の稲盛和夫氏の「従業員たちが幸福になる仕組みでなければ，企業は長く存続しない」という考えの反映とも言えます。

$$\text{時間当り採算} = \frac{\text{総生産} - \text{人件費を除いた費用}}{\text{総時間}}$$

第2章

組織体制の整備と運用

Q5 組織体制と責任者

コストダウン活動をする時の組織体制と責任者は，どうしたらよいでしょうか？

A

開発・製造する商品ごとのコストダウン（原価低減）活動の組織体制と責任者について，商品開発の企画・開発段階における原価企画活動と，製造段階における原価改善活動とに分けて説明します。

（1） 商品開発の企画・開発段階における原価企画活動の組織体制

原価管理のための組織体制として，①原価管理活動全体を統括管理する専門組織，②個別の商品開発における原価管理責任者と③個別の商品開発におけるコストチームについて説明します。

① 原価管理活動全体を統括管理する専門組織（原価統括管理部門）

原価管理を円滑に推進するためには，必要なノウハウを獲得・利用する専門組織があることが望ましいです。原価管理のノウハウには，長期間におよぶ技術と熟練の蓄積が必要なものが多く，持続的競争優位の源泉になりえます。また，商品開発段階において原価管理をそれ以外の管理活動と兼任すると，原価管理以外の管理活動のウエイトが高くなり，原価管理活動がおろそかになることがあります。

原価統括管理部門には，次のような役割があります。こうした多くの役割を担うことのできる先端企業ばかりではなく，原価管理の専門組織がなく，企画部門や経理部門の中に，原価管理担当者を配置している企業もありますが，事業の拡大とともに，原価管理レベルも上げていく必要があります。

原価管理活動は，情熱と構想力をもったリーダー一人でも始められます。これらの役割をすべて担うことは無理でも，できるところから始めてください。

● 原価統括管理部門の役割 ●

1）　中長期利益計画にもとづく原価計画の策定・推進
2）　新商品の原価企画の策定と管理，原価目標達成活動の推進
3）　新商品製造原価の予算設定，製造時の原価改善額の予算設定と推進
4）　技術・商品開発，調達・生産に関する原価ベンチマーク活動の統括
5）　コストテーブルの策定・改訂
　　コストテーブルによる新商品や競合商品の評価・分析
6）　開発段階での原価見積，製造段階での原価実績の把握
7）　VE・VA（Value Engineering/Analysis）活動の立案と実践

②　個別の商品開発における原価管理責任者

原価統括管理部門がある場合，個別の商品開発における原価管理責任者は，原価統括管理部門から選任します。原価管理の専門組織には，原価目標達成活動を支援・実践するためのノウハウが揃っているためです。

商品開発活動全体を統括する責任者（プロダクト・マネジャー）が，原価管理活動も担うことは，開発体制の規模が小さい場合には可能です（**図表Ⅰ-1**）。

しかし，関係部門や構成部品点数が多い場合，目標原価（＝原価目標×生産量）の達成が重要と考える商品開発であれば，原価管理を専門とする責任者を置き，分業体制にする方がよいでしょう（**図表Ⅰ-2**）。

［図表Ⅰ-1］　原価管理専任者のいない開発体制

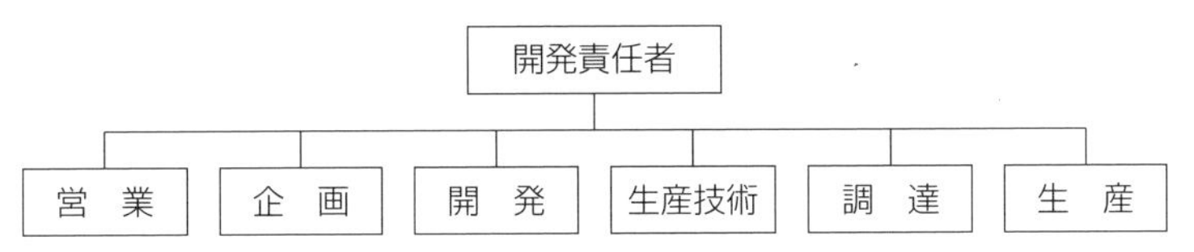

［図表Ⅰ－2］　原価管理専任者のいる開発体制

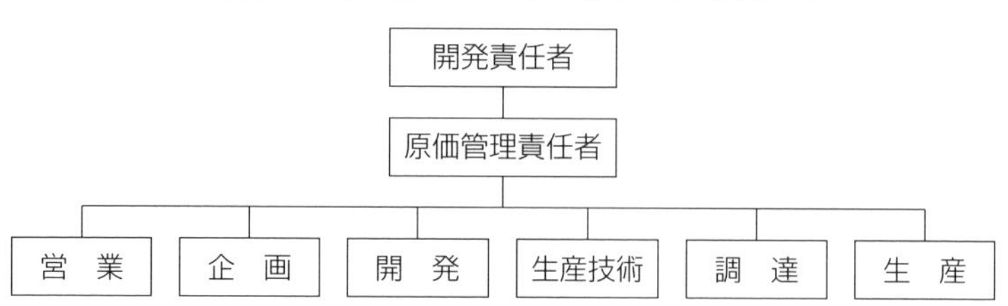

個別の商品開発活動の責任者の主な役割について，商品開発活動全体と原価管理活動とに分けて，示しておきます。

商品開発活動全体を統括する責任者（プロダクト・マネジャー）は，新商品のビジネスプラン（事業計画）を策定し，その実現に向けて，商品の企画段階から生産開始直前まで，商品コンセプトを新商品として具現化する全責任を負っています。

● 商品開発統括責任者の主な役割 ●

1）　ビジネスプランの策定と実現
2）　顧客要求から商品価値向上に向け，機能・仕様・技術の採用判断
3）　商品QCD（Quality, Cost, Delivery）目標の達成責任

一方の原価管理責任者は，新商品に期待される利益額から逆算される原価目標の達成に向けて，商品開発統括責任者をサポートすることはもちろん，コストチームを統括し，開発・設計段階でのコストの作り込みの進捗管理に努めるなど，原価目標の達成に向けて，できることは何でもやります。

原価管理責任者が，情熱を持って粘り強く活動できれば，目標達成が近づきます。あなたが，コスト活動をリードする責任者になって原価管理活動を実施しましょう。

● **原価管理責任者の主な役割** ●

1）　原価企画の立案とコストチームの編成
2）　原価目標達成活動全体の進捗管理
3）　商品製造原価の見積と報告
4）　開発活動中に発生するコスト変動の管理活動

③　個別の商品開発におけるコストチーム

開発商品の目標原価を達成するためのコストチームは，開発商品ごとに，開発が始まる商品の企画段階から生産開始直前まで，継続して活動します。チームメンバーは，営業，企画，開発，生産技術，調達，生産などの各機能部門から選出・編成します。

（２）　製造段階における原価改善活動の組織体制

製造段階での原価改善活動は，生産部門や調達部門に割り振られた目標原価値に対して，各部門長が責任を持ちます（**図表Ⅰ－３**）。

［図表Ⅰ－３］　原価管理活動と責任部門

<table>
<tr><th>時　期</th><th>企画・開発段階</th><th>製造段階</th></tr>
<tr><td>原価管理活動</td><td>原価企画</td><td>原価維持・改善</td></tr>
<tr><td rowspan="2">目標原価達成責任部門</td><td>開発部門</td><td rowspan="2">生産部門・調達部門</td></tr>
<tr><td>原価管理部門（推進責任）</td></tr>
</table>

また，商品ごとではなく，商品全体におよぶ横断的な原価改善活動もあります。その場合には，プロジェクト組織体制（➡ **Q&A 6**）で取り組むことが多く，企業の戦略的活動になるため，プロジェクトリーダーは役員クラスが担当します。プロジェクトリーダーをサポートする事務局には原価管理部門から担当者を配置し，各機能部門からも担当者を加えたメンバー構成で，連携した活動をすることが望ましいです。

Q6 マトリックス組織の可能性

機能別組織とプロジェクト組織の違いは何ですか？
マトリックス組織についても教えてください。

A

（1） 機能別組織

機能別組織は，企画，開発，設計，生産，購買，営業，人事，経理など，業務の機能ごとに部門編成する組織形態です。さらに開発部門の中でも技術分野や部品ごとに機能別組織を編成することも多く，機能区分の単位は各社各様です。この機能別組織は，事業・製品の種類の少ない中小企業でもよくみられる組織構造です。

機能別組織の長所は，同様の業務に関わるメンバーが集まるため，専門分野に関するノウハウが習得しやすいことや，機能別部門間の業務の重複が少ないため効率性や規模の経済性（規模が大きくなるほど，単位当りコストが下がる）が発揮されやすいこと，企業の経営層に権限を集中させやすく，全社的な統制がとりやすいことなどが挙げられます。

機能別組織の短所は，機能間のヒトの移動が限定され，機能部門間の垣根が生じやすいこと，機能部門のマネジャーが担当領域に専門化してしまい，より広い視野をもったゼネラルマネジャーが育ちにくいこと，製品やサービスの提供には多くの部門が関わるため，調整を要し，対応が遅れやすいこと，各機能部門の責任の所在が不明確になりやすいこと，部門間調整のための企業の経営層の負担が大きいことなどが挙げられます。

● 機能別組織の長所 ●

・専門分野に関するノウハウの習得
・業務の効率性
・規模の経済性
・全社的な統制

● 機能別組織の短所 ●

・機能部門間の垣根
・ゼネラルマネジャーの育成の困難性
・製品やサービスへの対応の遅れ
・各機能部門の責任の所在の不明確性
・部門間調整のための企業の経営層の負担

(2) プロジェクト組織

プロジェクト組織は，プロジェクトごとにプロジェクトリーダーを任命し，各部門から人材を集め，プロジェクトチームを編成する組織形態です。プロジェクト組織は，恒常的な組織ではなく，目的が果たされればチームを解散します。例えば，原価改善プロジェクトや品質向上プロジェクト，新製品開発プロジェクトなどです。

プロジェクト組織の長所は，異なる専門性をもつ関係者が1つのチームを形成するため，環境変化や顧客要請への対応が容易であること，チーム内の一体感も生まれやすく，コミュニケーションもとりやすいこと，目的が明確であることからモチベーションも高く，成果が上がりやすいこと，責任の所在が明確なことなどです。

プロジェクト組織の短所は，プロジェクトメンバーとして活動している間は新たな専門知識・ノウハウの獲得が難しいことや，チーム活動のため個人の評価が難しいことなどです。

● プロジェクト組織の長所 ●

・環境変化や顧客要請への対応
・チーム内の一体感とコミュニケーション
・明確な目的のため，高いモチベーションと成果
・責任の所在の明確性

● プロジェクト組織の短所 ●

・専門知識・ノウハウの獲得の困難性
・個人評価の困難性

（3） マトリックス組織

マトリックス組織は，同じ人が，機能部門とプロジェクトなど複数の組織に所属する組織形態です（**図表Ⅰ－4**）。

マトリックス組織の長所は，機能部門での専門性の獲得とプロジェクトでの専門性の発揮を両立させられること，異なる部門のメンバーとの交流が生じるため部門間の垣根が低くなり，部門を優先する部分最適ではなく，全社的な目標共有が図りやすくなること，企業の経営層からの権限委譲が進むため，経営層の日常業務に関する意思決定負担が軽減されることなどです。

マトリックス組織の短所は，同じ人が複数の組織に属するため，自分の専門領域の上司とプロジェクトチームのチームリーダーなど，上司が複数存在することとなり，指揮系統の不統一や評価への不満が生じかねないことなどです。

企業の成長に伴い，事業・製品の種類が増えてきたり，各機能部門の部分最適が目立ってくると，マトリックス組織を採用する企業も増えてきます。

それぞれの組織形態の特徴を理解した上で，適切な組織設計と運用を心がけてください。

●マトリックス組織の長所●

・専門性の獲得と発揮の両立
・異部門メンバーとの交流による全社的な目標共有
・経営層の意思決定負担の軽減

●マトリックス組織の短所●

・指揮系統の多元化による指揮系統の不統一
・指揮系統の多元化による評価への不満

［図表Ⅰ-4］　マトリックス組織

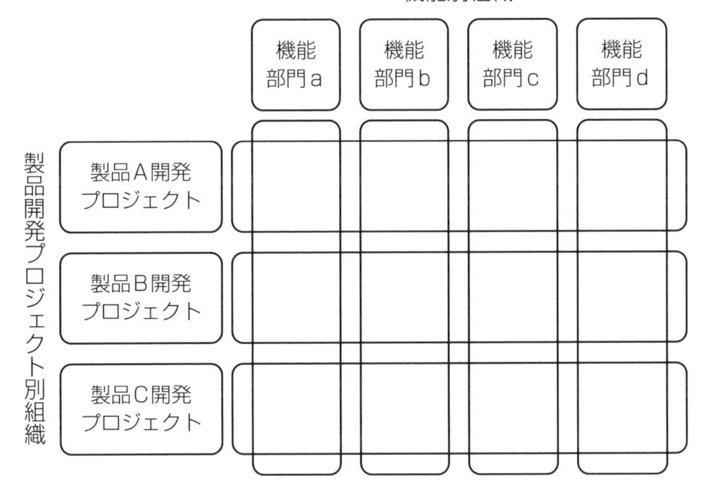

Q7 計画とPDCAマネジメント

コストダウンのために，計画とPDCAマネジメントは重要でしょうか？

A

戦略と計画，PDCA（Plan-Do-Check-Action）マネジメントの関係について説明しましょう（**図表Ⅰ-5**）。

［図表Ⅰ-5］ 戦略とPDCAマネジメント

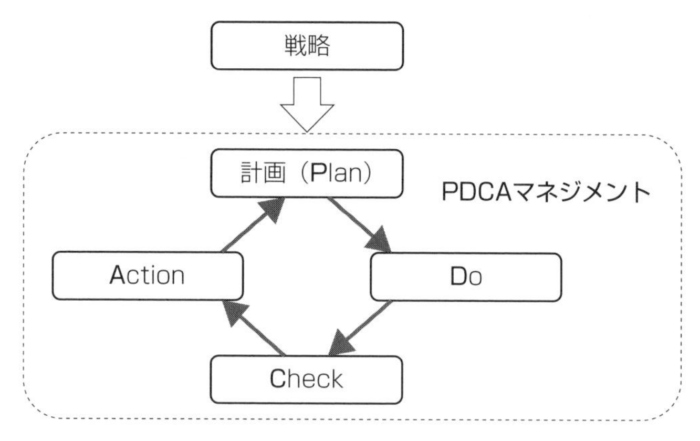

「戦略」とは，企業戦略から事業戦略，製品・サービス戦略などの階層的なものや，開発戦略，生産戦略，営業戦略などの機能別なものなど，さまざまなものがありますが，いずれにしても，戦略によって組織意図や目的・方向性が示されます。例えば，原価や収益性に関わる戦略だと，「製品構造の見直しによって，製造原価を削減する」，「顧客別収益性を明らかにして，営業戦略を再構築する」などが挙げられます。

戦略の抽象度もさまざまで，例示した戦略はかなり具体的なものですが，それでも戦略を実行するためには，「計画」が必要です。計画も，中期経営計画，短期利益計画，実施計画（アクションプラン）などさまざまなものがあります。

戦略とは異なる計画の特徴として，目標（定量的に測定可能な目標値を伴う），期間，責任者の３つの要素が明示される必要があります。例えば，先ほどの「製品構造の見直しによって，製造原価を削減する」といった原価改善戦略のための計画であれば，次のようになります。

● 原価改善プロジェクト計画 ●

プロジェクト目的：現行品Ａの原価改善
プロジェクト目標：単位当り製造原価1,500円削減
プロジェクト期間：20XX年４月１日から６月末日
プロジェクトメンバー：設計第１課長（プロジェクトリーダー：責任者）
設計部門に加え，調達部門，生産技術部門からもメンバーを選抜

これで計画の大枠はできましたが，実際に，計画どおりに業務を遂行するためには，より詳細な実施計画（アクションプラン）を立て，PDCAサイクルを円滑に回すPDCAマネジメントが重要になります。

実施計画では，原価改善プロジェクトに，設計・調達・生産技術部門から参加しているメンバーに，目標値を割り当てます。設計部門には設計の見直し，調達部門には調達先・部材の変更，生産技術部門には加工作業の効率化や歩留まり向上のための加工方法の変更などが期待されます。もちろん，各部門からの独立した改善提案だけでなく，部門間の連携も重要です。調達部門から設計部門への新たな調達先や新部材の提案，生産技術部門から設計部門への生産に配慮した設計への要望など，部門間連携が大きなコストダウンをもたらすことは言うまでもありません。

目標値の割り当てを受けて，各メンバーはプロジェクト期間で実施可能な施策を考案・提示し，例えば，３週間に一度開催するプロジェクト定期報告会で進捗状況，計画遅れの場合は対策，今後の見通しなどを発表し，意見交換し，

また3週間後の定期報告会まで原価改善活動を実施します。

> **実施計画**
>
> （調達部門：担当者○○）
> プロジェクト目標：製品単位当り調達部材費950円削減
> プロジェクト期間：20XX年4月1日から6月末日
> 施策：①調達先の変更・価格交渉による部材費削減：300円
> ②部材の変更・軽量化による原価削減：250円（設計部と連携）
> ③設計変更による使用材料重量削減：400円（設計部と連携）

つまり，実施計画を立て（Plan），原価改善活動を実践し（Do），定期報告会で報告・評価を受け（Check），必要に応じた対策を立てる（Action）。この例であれば，PDCAサイクルを，3カ月のプロジェクト期間で，3週間ごとに4回転回します。

このように，優れた戦略を立案するだけでなく，それを実現するためのしっかりとした計画を立て，計画の着実な実施を支えるPDCAマネジメントを円滑に実行することで，十分な成果を得ることができるのです。

ここでは，原価改善を例に，戦略と計画，PDCAマネジメントの関係や，特に計画とPDCAマネジメントが重要であることを説明してきました。もちろん，計画とPDCAマネジメントの重要性は原価改善に限ったことではありません。

コストダウンに関する取り組みとしては，原価企画（➡第4章，第5章，第Ⅲ部）や標準原価管理（➡ **Q&A 14，15，16**）においても，計画とPDCAマネジメントが重要となります。原価企画は，商品企画から開発段階の原価管理の取り組みで，開発段階の節目（基本設計段階や詳細設計段階など）ごとにPDCAサイクルを回します。標準原価管理は工場における製造段階の原価管理の取り組みで，一般的には月次でPDCAサイクルを回します。

本書では特に取り上げませんでしたが，販売費及び一般管理費の管理にもよく使われる予算管理でも，年次や月次の予算にもとづくPDCAマネジメントを実施します。

これらのPDCAマネジメントは，もちろんメーカーに限ったことではなく，サービス業でも実践されていますし，年次や月次ではなく，より短い週次や日次でPDCAマネジメントを実施する取り組みも存在します。PDCAマネジメントのサイクルは，業種・業態や製品・サービス特性に応じて，適切な期間を設定してください。

最後に，計画や予算は不要だとする意見を耳にすることがあります。それは，立案に多くの時間と労力を費やす割には，硬直的であったり，近視眼的であったりして，使いものにならないのでは，という主張です。

中期経営計画や年次予算についての議論はさておき，原価管理については，通常，１カ月から数カ月程度の短期間での取り組みの積み重ねですので，しっかりとした計画を立て，PDCAマネジメントの中で，日々の愚直な取り組みを実践することが重要になります。

Q8 事務局の役割

コストダウン活動のために，事務局は必要でしょうか？
また，どのような役割を持つのでしょうか？

A

コストダウン（原価低減）活動のためにプロジェクト組織体制を採用すると，企画・開発段階，製造段階を問わず，プロジェクトリーダーのもとに原価管理事務局を設置して，活動チームを編成し，活動を推進します（**図表Ⅰ-6**）。

［図表Ⅰ-6］ プロジェクト組織体制

プロジェクトリーダー
- 原価管理事務局
- 企画部門
- 技術部門
- 開発部門
- 調達部門
- 生産部門
- 営業部門

事務局の仕事は，会議室や備品，活動メンバーの出張の手配，資料の管理，会議開催や議事録の作成・配信などの事務処理ばかりではありません。

原価管理事務局は，重要度や難易度が高くなるほど，原価管理の専門家として，多くの役割を期待されるようになります。原価管理事務局の主な役割を，例示してみましょう。プロジェクトリーダーの活動をサポートし，活動方針を展開し，プロジェクト全体の進捗・予算管理，原価見積による目標原価（＝原価目標×生産量）達成状況の見える化と達成活動の進捗管理，活動や目標未達の課題の抽出，原価低減アイデアの創出の支援，活動案の作成など，目標原価の達成に向けて，できることは何でもやります。

● 原価管理事務局の主な役割 ●

1）　プロジェクトリーダーの活動サポート，活動方針の展開
2）　プロジェクト全体の進捗管理，予算管理
3）　目標原価達成活動の進捗管理，達成状況の見える化
4）　活動課題や目標未達の課題整理，活動案の作成
5）　会議準備・案内・運営，議事録作成・配布

さらに，重要な課題に取り組むため，役員クラスがプロジェクトリーダーとなって原価低減活動をおこなう場合は，原価管理事務局の役割はより大きくなります。開発部門以外の機能部門からのメンバー選出など，あるべきプロジェクト体制を提案し，活動方針・計画（案）や全体目標（案）を策定・提案し，目標の細分割付（案）も策定します。

このような重要プロジェクト活動では，原価管理事務局は個人ではなく，複数名のチームで活動する必要も出てきます。

● 原価管理事務局の主な役割（重要課題に取り組む時）●

6）　プロジェクト体制，活動メンバー選出の提案
7）　活動方針・計画（案），全体目標（案），目標の細分割付（案）の策定

Q9 会議体の活用

コストダウン活動のための会議体は，どのように設置・運営するのでしょうか？

A

コストダウンのための会議体（原価検討会）には，さまざまなものがあります。それらは，原価企画活動における目標原価達成のための節目管理，製造段階での標準原価達成のための定常的な月次管理，時期を問わない原価改善活動のための会議体です。

これらの会議体は，基本的に，原価低減アイデアの創出と実行の２つの目的で開催されます。

ここでは，一般的な実施フローに沿って，要点を説明しましょう（**図表Ⅰ-7**）。

［図表Ⅰ-7］ 原価検討会によるコストダウン活動の実施フロー

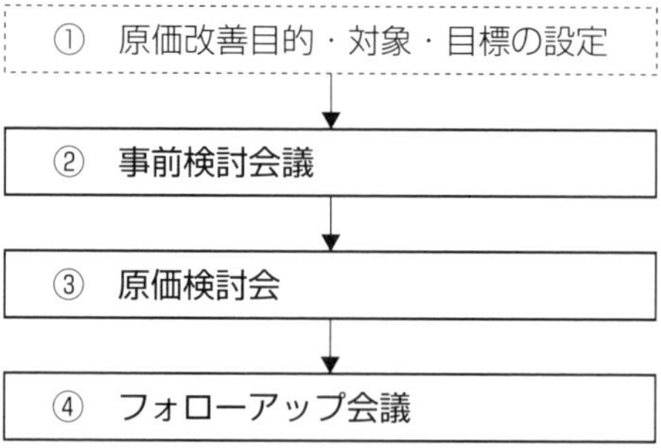

① 原価改善目的・対象・目標の設定
↓
② 事前検討会議
↓
③ 原価検討会
↓
④ フォローアップ会議

①　コストダウン活動の目的，対象，目標の設定

コストダウン活動のプロジェクトリーダーが，原価管理事務局も協力して，活動の目的や対象を設定します。プロジェクトリーダーは目標達成の責任を負い，事務局が活動支援や運営を担います。

②　事前検討会議

事前検討会議では，コストダウン活動に参画する機能部門の代表が集まり，事務局が提示する原価検討会の実施要領にもとづき，原価検討会の実施方法，構成メンバー，検討方法などを検討・確認します。

③　原価検討会

原価検討会には，各機能部門から選出されたメンバーが集合し，原価低減テーマごとのチームに分かれます。事前に各機能部門で検討してきた原価低減アイデアをチームで検討し，さらなる原価低減アイデアの抽出や原価低減額の上積みを検討します。

原価検討会の最後に，チームごとに，原価低減アイデア数・金額，改善計画・納期などを報告します。原価検討会の報告内容は，関係する機能部門長や役員にも報告します。

原価検討会議後に，コストダウン活動を実行します。

④　フォローアップ会議

フォローアップ会議は，プロジェクトリーダーのもと，事務局が運営し，機能部門の代表も参加し，定期的に開催します。

原価低減アイデアが実現するまでの課題や，他部門への依頼などを調整し，確実な目標達成を図ります。また，原価検討会後のフォローアップ会議において発案された原価低減アイデアの実現に向けても，必要な指示・調整をおこないます。

Q10 規則と習慣，行動

コストダウン活動のためには，規則を変えるのが先ですか？
それとも行動を変えるのが先ですか？

A

これは，これまでのやり方に限界を感じ，何らかの組織変革が必要な場合の問いですね。その答えは，コストダウンのためのアイデアの源泉がどこにあるのかによって違ってきます。

まずは，社内規則や規程の変更が先行するパターン①です（**図表Ⅰ－8**）。これは，現状の業務のやり方に問題を感じていて，あるべき方法がわかっている場合や，他社のベストプラクティスを取り入れるベンチマーキング（➡ Q&A 22），コンサルタントなどの企業外部の知見を借りて最善と思われる方策を採用する場合，本社の指示や企業合併・買収などで業務規則・規定が一新される場合などの変更パターンです。

つまり，コストダウンのための方法やアイデアを現場に求めるのではなく，規則の変更や新手法を導入することで，行動や考え方の変化を促し，そうした新しい行動を繰り返し実践することで，習慣化していき，組織の不文律と呼ばれるように，その組織ならではの原価低減様式が定着していきます。

次に，行動の変化が先行するパターン②もあります。これは，組織全体としては一般的ではないものの，優れた実践が社内にある場合の変更パターンです。

つまり，ある個人の優れた原価低減アイデアや実践方法を広く活用するために，公式の業務規程や業務手順として採用したり，コストダウンのための基本方針として組織横断的に共有する方法です。

活用される原価低減アイデアは，原価改善活動の成果を発表する報告会や，過去のVE（Value Engineering）（➡ Q&A 21）活動の成果をまとめたVE事例集，そうした原価低減アイデアを誰でもいつでも閲覧できるように部品とともに展示する部屋を常設するなどの取り組みを通じて発掘されます。

［図表Ⅰ-8］　規則と習慣，行動変化の関係

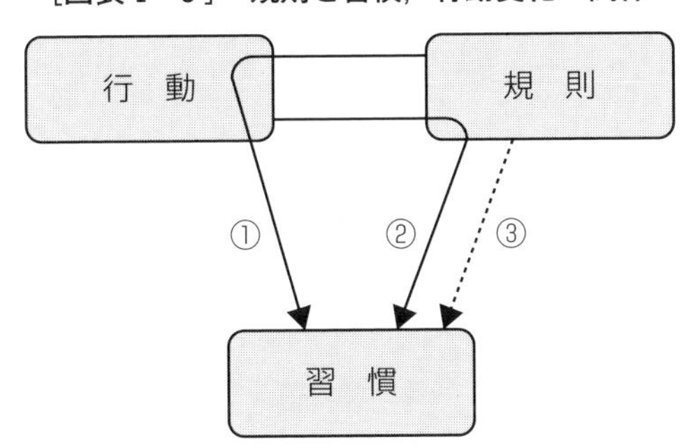

最後に，点線で示したパターン③です。これは，社内規則や規程の変更が，すぐに習慣化するという意味ですので，あまりないパターンだと思います。

やはり，新しい考え方や行動様式が習慣となり，組織に定着するのには時間がかかります。それゆえに，持続的な競争優位の源泉にもなりえます。

社内規則や規程の変更（パターン①）は始まりにすぎず，組織に定着するまで根気強い取り組みが必要ですし，個人の優れたアイデアや実践（パターン②）は組織横断的に展開し定着を図ることで，組織としてレベルアップが図れます。

Q11 マニュアル，データベースの整備

原価管理マニュアルやデータベースは，どのように整備するのでしょうか？

A

コストダウンを含め，原価管理を実施するためには，マニュアル作成や標準化，データベースの整備は欠かせません。

原価計算・管理の基本的な方法は，本やwebsiteから学ぶことができますが，実際の仕組みは各社各様です。業種や製品特性，製造方法，歴史的経緯，近年ではERP（Enterprise Resource Planning）などの全社的な基幹統合システムの影響も受けながら，形成されていくためです。

そのため，「○○会議は，何を目的に，誰が参加するのか」，「△△原価とは，何か」といった社内用語の統一的理解，業務手順のルール化・標準化，会議で使用する文書類のフォーマットの共通化が必要になります。

原価管理マニュアルは，業務フローを明確にして，それに沿って整備していくのがよいでしょう。マニュアルの利用時期・部門，種類，付随するドキュメント，作成担当部門の一例を示しました（**図表Ⅰ-9**）。例えば，開発設計段階で開発部門が利用する目標原価達成活動マニュアルは，目標原価達成活動計画書などの付随するドキュメントを含めて，開発管理部門が作成し，場合によってまたは部分的に原価管理部門が作成したり，サポートします。

データベースの整備も欠かせません。常に，最新のデータを使って，「活きた原価管理」をするためには，データの更新は，タイムリーに実施する必要があります。

更新頻度は，データにより異なります。例えば，コストテーブルのコストデータのように，年に1回まとめて更新する年度テーブルもある一方，原価改

善のための購入実績であれば，最新のデータにもとづいて検討しなければ意味がありません。

［図表Ⅰ－9］　原価管理マニュアルの整備

利用時期	マニュアル	ドキュメント	利用部門	作成部門
経営計画段階	中期経営計画策定	中期戦略検討書	企　画	企　画（原価管理）
	予算編成	予算編成書		
企画開発段階	ベンチマーキング	設計比較書	開　発	開発管理（原価管理）
	テアダウン	テアダウン調査・評価書		
開発設計段階	目標原価達成活動	目標原価達成活動計画書	開　発	開発管理（原価管理）
	コスト評価	コスト評価書		
製造段階	原価改善活動	活動計画・実施書，原価報告書	生　産	生産管理（原価管理）

何のデータを，誰が，いつ，どのように，整備するのかも決めておく必要があります。また，必要なデータは変わるものです。経営層や他部門からの要請，自部門の原価管理活動に必要な情報を，日頃から意識しておきましょう。

原価情報は機密情報です。社外はもちろん，社内の他部門に対しても漏れてはいけないデータが多く存在するため，データベースの保存方法と提供方法を決めておく必要があります。

原価データは，多くの関連情報と紐付けて管理する必要があります。生産量や重量，部品点数，加工工数，歩留まりなどの関連情報，図面・部品番号などとの一体管理が必要です。

以上のようなデータベース整備の要件から，IT化して保管することも不可欠になっています。

Column・2　中小製造業のコストダウン

中小製造業では，大企業のように，原価管理のための組織体制を整備したり，スタッフを充実させることは難しいですが，発信力のある経営者を中心に，関連部門と一丸となった取り組みは，むしろ大企業よりも得意ではないでしょうか。

ある中小製造業の事例を見てみましょう。近年，欧米を中心に，売上，利益ともに成長し，売上高営業利益率は10%前後の企業です。

業績は好調ですが，原価管理の取り組みは十分ではありませんでした。商品開発責任者は，機能・品質や各種規制への対応に追われ，開発納期を守ることが精一杯の状態です。開発部門は，原価には興味を示さず，コストダウン活動は，もっぱら調達部門の仕事だと考えています。営業部門は，原価が高いため，売価を下げられず，競合にシェアを取られていると感じており，今後は，アジア市場に向けた低価格品の開発が不可欠だと考えています。

そこで，開発段階から原価を把握し，市場で通用する原価を作り込むための改革を始めました。

まず，開発，調達，生産，管理部門全員が，原価意識を高めるため，外部講師を招き，原価管理の講義を受講しました。

次に，各部門のマネジャーが，これまでの部門の原価管理活動の課題を話し合い，他社の原価管理の実施事例も参考に，対策を検討，整理しました。つづいて，これを経営層と部門長が確認し，部門間でも課題と対策を共有し，実行に移しました。

その結果，時間はかかりますが，少しずつ原価管理の習慣が身につき始め，コストダウン効果も出始めています。

企業規模にかかわらず，開発段階から原価企画活動を実施するためには，原価のマネジメントができる人材が必要です。そのため，原価に興味があり，原価管理ができる人材を発掘し，育てる組織的努力が欠かせません。

第3章

コストダウン手法

Q12 コストダウンに役立つ会計的アプローチ（1）

コストダウンに役立つ会計的アプローチにはどのようなものがありますか？

A

代表的なものをいくつか紹介しましょう。

標準原価管理（標準原価計算による原価管理）（➡ Q&A 14, 15, 16）

標準原価計算は，100年以上前に，大量生産時代に適した原価管理のための原価計算手法として誕生し，今日でも大企業を中心に広く利用されています。

標準原価計算にもとづく原価管理を標準原価管理と呼び，現行の製造条件のもとで実際原価を標準原価に近付けようとする原価維持活動のための代表的な手法として知られています。

標準原価計算は，製造原価を直接費と間接費とに区分すると，直接費の原価管理に適した原価計算手法と言えます。

直接原価計算

直接原価計算は，製品の製造費用を変動費と固定費に分けて，変動費のみで製造原価を構成し，固定費を期間費用とする原価計算手法です。原材料費のように，生産量などの操業度に応じて比例的に変動する原価を変動費，設備費や正社員の給料のように操業度にかかわらず一定の原価を固定費と呼びます。

企業の外部報告に用いられる全部原価計算では，販売実績が伴わない生産過多であっても，たくさん生産すれば製品単位当りの製造原価は低く計算されてしまう「全部原価計算の逆機能」と呼ばれる弱点があります。

一方，直接原価計算は，売上高，費用，利益の関係性を把握するのに適した原価計算手法ですので，CVP（Cost-Volume-Profit）分析を活用した利益計画や原価管理（どの製品の利益率が高いのか，現状の固定費はどの程度過剰なのか，などの判断）に利用できます。

原価改善（kaizen costing）（➡ Q&A 17）

標準原価管理は，現行の製造条件のもとでのベストを目指す原価維持活動であったのに対して，原価改善は，現行の製造条件を不断に変更することを通じて，原価標準を積極的に引き下げ，製造原価を原価改善目標水準にまで計画的に引き下げる継続的原価低減活動です。

原価改善は，新製品の目標原価（＝原価目標×生産量）の未達分を製造段階で達成しようとする製品別原価改善と，既存製品の製造段階で日常的におこなわれる期別原価改善の２つのアプローチに大別されます。

MPC（Micro Profit Center：ミニプロフィットセンター）制

MPC制は，通常であればコストセンター（コスト責任を負う組織単位）とみなされる工場内の生産ラインや製造工程をプロフィットセンター（利益責任を負う組織単位）としてマネジメントする仕組みです。納期やコストといったプロセス目標ではなく，自部門における利益目標を掲げることで，現場の自律を促し，人材育成や利益・原価意識の醸成などを意図しています。

MPC制は，さまざまな形態が確認されており，JAL再生への貢献で世間にも広く知られるようになった京セラのアメーバ経営などが有名です。

ABC/M（Activity-Based Costing/Management：活動基準原価計算・管理）

ABCは，1980年代に，製造間接費の製品への配賦計算の精緻化を目的に開発された原価計算の中では新しい手法です（➡ Q&A 18，19，20）。

伝統的原価計算が前提とする従来の製造環境では，製造間接費は製造原価のごく一部にすぎなかったため，直接作業時間などの配賦基準を用いて製造間接費を製品別に配賦しても，製品原価を大きく歪めることはありませんでした。

ところが，1970年代以降に進んだ工場の機械化，コンピュータ化に伴い，製造原価に占める直接労務費の割合が減り，製造間接費の割合が増えてきており，直接労務費を基準として製造間接費を製品に配賦すると，製品原価を歪めてしまうことは明らかです。

そこで，より正確な製品原価を計算するために，間接費を発生させるアクティビティ（activity：活動）に注目して，サポート活動の原価をコスト・ドライバー（cost drivers）にもとづき原価対象に負担させることで，間接費の直接費化を意図した原価計算手法として，ABCは脚光を浴びるようになりました。

1980年代後半には，ABCではアクティビティが経営資源を消費することで原価が発生すると考えることから，米国のいくつかの企業において，単なる原価計算手法としての利用に留まらず，原価管理手法としての利用を試みる事例が登場してきました。これがABMです。ABMは，ABC情報を活用することで，顧客価値を生み出し，企業の利益を改善するための手法です。

原価企画（➡第4章，第5章，第Ⅲ部）

原価企画は，コストダウンの観点からは，商品の企画・開発段階での原価管理（利益・原価の作り込み）活動と言えます。

その特徴は，次の数式に示されるように，原価はかかるものとして積み上げるのではなく，市場・顧客に受け入れられる予定売価から自社に必要な目標利益を差し引き，許容できる目標原価（＝原価目標×生産量）を設定することにあります。

目標原価＝予定売価－目標利益

実際に製造原価の多くが発生するのは購買・製造段階ですが，設計図が完成してしまった時点で，使用部材や加工方法が決まるため，多くの製造原価が決まってしまいます。そのため，設計図が完成するまでに，目標原価の達成を目指し，適時，コストダウン活動を実践し，的確な原価見積により，目標原価達成活動の進捗状況をマネジメントする必要があります。

Column・3　日本におけるABC/ABMの普及

管理会計や原価計算の教科書では必ず登場するABC/ABMですが，日本企業では，より精緻な製品原価計算を志向するABCは，それほど普及しているとは言えません。

その理由としては，財務会計を中心業務とする経理部において，原価計算基準に明文化されていない新手法の導入を躊躇する傾向があること，プロダクト・ミックスや価格決定の意思決定においても，決定権の多くを市場が握っており，より精緻な製品原価情報の有用性が相対的に低いこと，一部の企業では，すでに，より精緻な製品原価計算のために多様な配賦基準を設定してきた実務が存在することなどが指摘されてきました。

一方，ABCを採用している企業では，外資系企業において，本社が一元的な情報管理のために導入するERP（Enterprise Resource Planning）のパッケージ・ソフトウエアの中にABCが組み込まれている場合や，通信，電力，ガス事業においては，独自の事業会計制度にもとづきABCの採用が後押しされたことなどが，採用の要因として挙げられます。

加えて，特徴的な傾向として，これまで精緻な原価計算の仕組みを持たなかった銀行，病院，役所やその他のサービス業における普及が確認されています。

むしろ日本企業では，ABCよりも業務改善を志向するABMの方が普及しています。恒常的な製品原価計算の仕組みとしてABCを採用するよりも，業務改善のための1つの情報源としてABC情報を利用することに注目しているようです。

Q13 コストダウンに役立つ会計的アプローチ（2）

コストダウンに役立つ会計的アプローチと原価要素との間には，どのような関係がありますか？

A

まずは，原価の構造を見て，総原価と製造原価の違いを理解しましょう。

原価計算手法は，主に製造原価を計算・管理するために開発されてきました。製造原価は，直接費と間接費とに分類できます（**図表Ⅰ-10**）。

図示はしませんでしたが，変動費と固定費という分類もあります。

［図表Ⅰ-10］ 販売価格と原価の構造

<table>
<tr><td rowspan="8">販売価格</td><td>利益</td><td colspan="4"></td></tr>
<tr><td rowspan="7">総原価</td><td>販売費及び一般管理費</td><td colspan="3"></td></tr>
<tr><td rowspan="6">製造原価</td><td rowspan="3">製造直接費</td><td>直接材料費</td><td>原材料費など</td></tr>
<tr><td>直接労務費</td><td>直接工賃金など</td></tr>
<tr><td>直接経費</td><td>外注加工費など</td></tr>
<tr><td rowspan="3">製造間接費</td><td>間接材料費</td><td>工具・備品など</td></tr>
<tr><td>間接労務費</td><td>スタッフ賃金など</td></tr>
<tr><td>間接経費</td><td>減価償却費など</td></tr>
</table>

次に，代表的な原価計算手法と原価要素の関係を見てみましょう。

標準原価計算・管理は，工場の生産ラインで働く直接工の作業効率の測定・改善に向いており，直接労務費の管理が得意だと言えます。同様の計算構造をもつ直接材料費の管理にも適用可能ですが，原材料の調達は生産ラインではなく調達部門，材料の加工方法などは開発段階である程度決まってくるため，役立つ場面には限界があります。

直接原価計算は，変動費のみで製造原価を構成（変動製造原価）し，製造原価の固定費部分（固定製造原価）は，販売費及び一般管理費と同様に，製品原価には配賦せずに期間費用とします。販売費についても同様に，（一般管理費を固定費だとすると）変動販売費と固定販売費及び一般管理費とに区分します。全部原価計算では，実際の売上に関係なく，たくさん作るほど製造原価が安く見えてしまいますが（全部原価計算の逆機能），直接原価計算では，売上に対応したより正確な原価を求めることができます。

販　売　費：	商品の販売に関する原価 （例）　販売員給与，広告宣伝費，交際費，運送費
一般管理費：	会社全体の管理活動に関わる原価 （例）　本社ビルの減価償却費，研究開発費，役員報酬
製 造 原 価：	商品の製造に関わる原価 （例）　工場設備の減価償却費，など

実際原価計算は，一般的には月次の実際原価を測定しますが，外部報告のため（財務会計目的）の期間損益計算のために，便宜的に期間を区切っているだけであり，月ごとの状況（生産量の増減やたまたま賃金の高い人が担当したなどの要因の影響）によっても，原価にばらつきが生じます。そのため，原価管理のアクションにすぐにつながるような原価計算ではないかもしれません。

原価計算一般に，主に製造原価を計算・管理するために開発されてきたことから，おのずと「販売費及び一般管理費」を管理することは得意ではありません。販売費及び一般管理費のコストダウンには，原価計算の歴史の中では新しく開発されたABC/M（Activity-Based Costing/Management）が有用です（➡ **Q&A 18，19，20**）。

Column・4　コストダウンのための原価・経営管理手法の利用実態

ご紹介したコストダウンに役立つ会計的アプローチは，実際にどの程度利用され，どのような評価を受けているのでしょうか。

非会計的アプローチである物量情報による管理も含めて，調査しました。

2019年１月から３月にかけて，東証一部上場製造業922社対象（有効回答会社数：92社，10.0%）に実施した調査結果を報告します（吉田栄介・岩澤佳太・徐智銘・桝谷奎太「日本企業における管理会計の実態調査」『企業会計』2019年９月号・10月号）。

[原価・経営管理手法の普及，利用と効果]

	採用率	経営管理目的の利用	効果（目的と効果の相関）
原価企画	85.9%		
標準原価計算	75.0%	5.48	5.27（0.58* ）
直接原価計算	62.6%	4.98	5.32（0.81**）
実際原価情報による管理		5.02	5.12（0.71**）
物量情報による管理		4.38	4.96（0.80**）
MPC	32.6%		

注）　有意水準：**：0.1%，*：１%

まず，採用率をみると，原価企画85.9%，標準原価計算75.0%，直接原価計算62.6%と高く，MPC（Micro Profit Center）は32.6%と比較的低くなっています。

次に，経営管理目的での各アプローチの利用度をみると，７点尺度（「１　全く利用していない」から「７　全般的に利用している」）の平均得点が，標準原価計算5.48，直接原価計算4.98，実際原価情報による管理5.02，（作業時間や品質などの）物量情報による管理4.38となっています。原価企画と

MPCは，原価管理を含む経営管理目的に利用することはわかっていますので，あえて設問はしていません。ABC（Activity-Based Costing）の利用は数社に留まるため，表記はしておらず，普及率は決して高くはありません。

つづいて，各アプローチを利用した効果に対する評価について，経営管理目的の利用の得点が7点尺度（「1　全く効果がない」から「7　極めて効果がある」）で4点以上の企業が，その効果をどの程度評価しているのかを調査しました。その結果，標準原価計算による経営管理効果5.27，直接原価計算による経営管理効果5.32，実際原価情報による経営管理効果5.12，物量情報による経営管理効果4.96と，総じて高評価であることがわかります。

さいごに，経営管理目的の利用程度とその効果との相関係数は，標準原価計算による経営管理0.58，直接原価計算による経営管理0.81，実際原価情報による経営管理0.71，物量情報による経営管理0.80と，こちらも総じて高くなっています。つまり，これらの手法の利用程度が高いほど，手法による経営管理効果も高く評価している傾向を示しています。

Q14 標準原価計算による原価管理の手続き（1）

標準原価計算による原価管理は，どのような手続きで実施するのですか？

A

標準原価計算による原価管理の一般的な手続きは，次のとおりです。

① 原価標準の設定と伝達
② 標準原価の算定
③ 実際原価の算定
④ 標準原価差異の算定
⑤ 標準原価差異の分析

①原価標準の設定と伝達とは，標準原価を算定するための基礎となる「製品単位当りの原価標準」を設定し，関係部署に伝達します（➡ Q&A 15）。このステップを事前管理と呼びます。標準原価管理は，月次でPDCA（Plan-Do-Check-Action）サイクルを回すことが多く，その場合，月初に目標となる原価標準を設定します。ここまでが，PDCAのP（Plan）に当たります。

実際に生産活動が始まると，標準原価を目指す生産活動を支援します。PDCAのD（Do）に当たります。日々の生産活動の中で，日次や週次の製造原価が把握できていれば，目標値との比較を通じた原価管理を実施できます。標準原価管理に加え，継続的な日々の改善活動などの事中管理を実践することで，目標達成に近づくことができます。

②標準原価の算定とは，月末に，実際の生産活動の結果である実際生産量を測定し，次式のように標準原価を算出します。

標準原価＝原価標準×実際生産量

③実際原価の算定とは，その月の実際原価の算定，④標準原価差異の算定とは，標準原価と実際原価との原価差異の算定（➡ **Q&A 16**），⑤標準原価差異の分析とは，製造直接費と製造間接費の差異分析の実施を指します。PDCAのC（Check）に当たります。こうして明らかになった差異の原因については，次期（翌月）以降のために適切な改善施策を講じる必要があり，PDCAのA（Action）に当たります。これらのステップを事後管理と呼びます。

以上が，標準原価計算による原価管理（標準原価管理）の一般的な手続きです（**図表Ⅰ-11**）。標準原価管理を主導する原価管理部門にとっての注意点として，第１に，事前管理から事後管理までの一連のステップにおいて，PDCAサイクルを適切に管理することが重要になります。目標値として，適切な範囲（工場現場のマネジャーの管理できない為替の影響や材料の購買価格を排除するなど）と水準（適切な努力をすれば達成可能な水準）に配慮し，差異分析の後，しかるべき改善処置を講じられるような情報提供（どの部分にどういった原価差異が生じているのか）を実践する必要があります。

第２に，原価管理のためには，原価の集計単位としてコスト・センター（製造工程，部門，生産ラインなど）が設置されますが，その管理者の権限と責任は，バランスの取れた明確なものにする必要があります。

［図表Ⅰ-11］　標準原価管理の手続き

＜月初：事前管理＞

①原価標準の設定

＜月末：事後管理＞

②標準原価の算定

③実際原価の算定

④⑤標準原価差異の算定と分析

Q15 標準原価計算による原価管理の手続き（2）

Q14の「① 原価標準の設定」は，どのように実施するのですか？

A

原価標準の設定は，通常，直接材料費，直接労務費，製造間接費および，必要に応じて直接経費別におこなわれます。直接経費は，実務上は実際原価を利用することが多く，製造間接費は，原価標準の設定は煩雑な割にコストダウンへの貢献は限定的なため，説明は省略します。

（1） 直接材料費標準の設定

直接材料費標準は，物量標準と価格標準の両面を考慮して算定します。つまり，材料の種類ごとに，製品単位当りの材料消費量標準と，材料単位当りの価格標準の積により算定します。

直接材料費標準＝消費量標準×消費価格標準

<消費量標準の設定>

消費量標準は，製品の生産に必要な部品や材料の種類，品質，加工の方法や，製造工程・スケジュールなどをあらかじめ定め，科学的，統計的調査により製品単位当りの各種材料の消費量標準を設定します。この際に注意すべきこととして，消費量標準は，通常生じると認められる程度の減損や仕損などの余裕を含めて算定する必要があります。

<消費価格標準の設定>

消費価格標準は，通常，材料の購入は調達部門でおこなわれるため，調達部門ないしは，調達部門の協力のもと，原価計算部門で設定します。

材料の購入価格は，市況の影響を受けるなど，社内での努力によってコストダウンを図ることには限界があります。そのため，消費価格標準の設定は，現状の購買および在庫方針にもとづき，将来の方針を加味しながら，正常価格ないしは予定価格によって設定します。

(2)　直接労務費標準の設定

直接労務費標準も，直接材料費標準と同様に，物量標準と価格標準の両面を考慮して算定します。つまり，直接作業の作業区分ごとに，製品単位当りの生産に要する作業時間標準と賃率標準の積により算定します。

直接労務費標準＝作業時間標準×賃率標準

＜作業時間標準の設定＞

作業時間標準は，製品の生産に必要な作業の種類別，使用する機械工具，作業の方式および順序，各作業者の等級などを定め，作業研究，時間研究などの科学的，統計的調査により，製品単位当りの各作業区分の時間標準を定めます。その際にも，直接材料費標準の設定と同様に，通常生じると認められる程度の疲労などによる能率の低下や手待時間などの時間的余裕を含めて設定する必要があります。

また作業時間標準の設定も，原価計算部門だけで設定することは困難ですので，生産管理部門などの技術部門がおこなうか，協力が必要になります。

＜賃率標準の設定＞

賃率標準は，直接作業の職種別もしくは部門別などに設定された予定平均賃率または正常賃率を用います。例えば，部門別の予定平均賃率は，その部門において一定期間，直接作業者に対して支払われる予定の賃金総額を予定直接作業時間で割ることで算出します。

Q16 標準原価計算による原価管理の手続き（3）

Q14の「④　標準原価差異の算定」は，どのように実施するのですか？

A

標準原価管理では，月末に測定される実際原価と標準原価とを比較して，原価差異を算定し，原価計算部門だけでなく，製造現場の担当者とともに差異が生じた原因分析を実施することで，翌月に向けた原価標準の変更や原価改善活動に結び付けることが期待されます。

ここでも，Q&A 15と同様に，標準原価管理が最も得意とする直接材料費と直接労務費に限定して説明します。

（1）　直接材料費差異の算定

直接材料費の実際原価を測定し，標準原価と比較して，直接材料費原価差異を計算します（**図表Ⅰ-12**）。

直接材料費差異の総額＝実際直接材料費－標準直接材料費

［図表Ⅰ-12］　直接材料費差異の分析

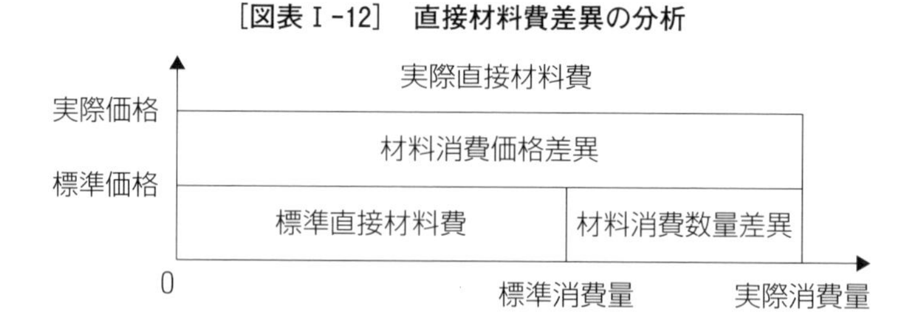

直接材料費差異は，材料消費数量における原価差異（材料消費数量差異）と材料消費価格における原価差異（材料消費価格差異）に区分して算定します。

材料消費数量差異＝(実際消費量－標準消費量)×標準価格

材料消費価格差異＝(実際価格－標準価格)×実際消費量

では，実際の計算例を用いて，直接材料費の総原価差異，数量差異ならびに価格差異を求めてみましょう。

例　題　ある原価計算期間において，製品Aを10個製造した。その時の直接材料Xの標準価格は1kg当り150円，実際価格は1kg当り160円，標準消費量は製品1個当り4kg，実際材料消費量は45kgであった。

解　答

＜直接材料費差異の総額＞

＝実際直接材料費－標準直接材料費

＝実際価格×実際消費量－標準価格×標準消費量

＝160円×45kg－150円×(10×4)kg

＝7,200円－6,000円＝1,200円（不利）

＜材料消費数量差異＞

＝(実際消費量－標準消費量)×標準価格

＝(45kg－40kg)×150円＝750円（不利）

＜材料消費価格差異＞

＝(実際価格－標準価格)×実際消費量

＝(160円－150円)×45kg＝450円（不利）

＜検算＞

消費数量差異（750円［不利］)＋消費価格差異（450円［不利］)

＝差異総額（1,200円［不利］)

（2） 直接労務費の差異の算定

直接労務費差異の計算も，直接材料費と同様の考え方で，作業時間差異と賃率差異に区分します。すなわち，直接材料費差異の計算に対して，「消費量」を「作業時間」，「価格」を「賃率」に置き換えるだけです（**図表Ⅰ-13**）。

直接労務費差異の総額＝実際直接労務費－標準直接労務費

作業時間差異＝(実際作業時間－標準作業時間)×標準賃率

賃率差異＝(実際賃率－標準賃率)×実際作業時間

［図表Ⅰ-13］ 直接労務費差異の分析

実際直接労務費
実際賃率
賃率差異
標準賃率
標準直接労務費
作業時間差異
0
標準作業時間
実際作業時間

では，実際の計算例を用いて，直接労務費の総原価差異，作業時間差異ならびに賃率差異を求めてみましょう。

> **例 題** ある原価計算期間において，製品Aを55個製造した。その時の加工作業の標準賃率は1時間当り800円，実際賃率は1時間当り850円，標準作業時間は製品1個当り3時間，実際作業時間は180時間であった。

解 答

＜直接労務費差異の総額＞

＝実際直接労務費－標準直接労務費

＝実際賃率×実際作業時間－標準賃率×標準作業時間

＝850円×180時間－800円×（55×3）時間

＝153,000円－132,000円＝21,000円（不利）

＜作業時間差異＞

＝(実際作業時間－標準作業時間)×標準賃率

＝(180－55×3）時間×800円＝12,000円（不利）

＜賃率差異＞

＝(実際賃率－標準賃率)×実際作業時間

＝(850－800）円×180時間＝9,000円（不利）

＜検算＞

作業時間差異（12,000円［不利］)＋賃率差異（9,000円［不利］)

＝差異総額（21,000円［不利］)

Q17 原価改善（Kaizen Costing）

原価改善活動とは，どのような活動ですか？

A

標準原価管理は，現行の製造条件のもとで，実際原価を標準原価に一致させようとする原価維持活動です（➡ Q&A 14, 15, 16）。

一方，原価改善（kaizen costing, cost improvement）は，現行の製造条件を不断に変更することを通じて，原価標準を積極的に引き下げ，製品の製造原価を原価改善目標水準にまで計画的に引き下げる継続的原価低減活動です。

原価改善には，新製品の目標原価（＝原価目標×生産量）の未達分を製造段階で達成しようとする製品別原価改善と，既存製品の製造段階で日常的におこなわれる期別原価改善があります。

（1） 製品別原価改善

製品別原価改善は，新製品における原価企画の目標未達部分の達成や，不採算製品の収益性回復を目的におこないます。

新製品の企画・設計段階での原価管理活動を原価企画と呼びますが，原価企画における目標原価が，量産開始３カ月程度経過しても達成されない場合，目標原価未達成額を目標改善額として設定し，製品別原価改善委員会（プロジェクト・チーム）を組織し，VA（Value Analysis）活動を通じて，目標原価の達成を目指します。

製品別原価改善委員会は，通常，生産技術担当役員や原価管理担当役員をチーム・リーダー，当該製品担当のプロダクト・マネジャーをサブ・リーダーとし，製造，設計，生産技術，購買の部門長などから構成されます。

（2）　期別原価改善

期別原価改善は，短期利益計画から利益改善目標額と原価改善目標額を決定し，各部門に割り当て，現場で改善活動の実施，原価改善差異の測定・分析をするPDCA（Plan-Do-Check-Action）サイクルを回す活動です。

［図表Ⅰ-14］　期別原価改善における原価の推移

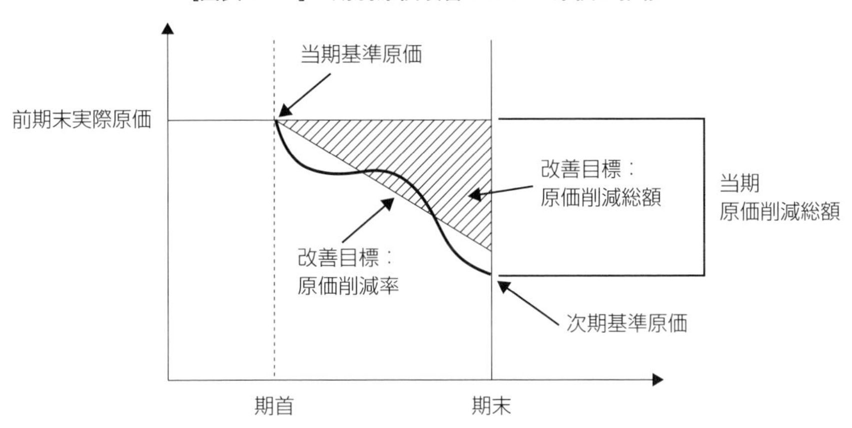

期別原価改善における原価の推移の一例を示しました（**図表Ⅰ-14**）。期別原価改善は，全社での取り組みや，事業，工場，工程単位など，さまざまな組織単位で取り組まれます。

まず，前期末実際原価が当期基準原価となります。つまり，前期末（当期首）の実際原価を出発点として，原価改善活動が始まります。

次に，基準原価から，例えば「当期は８％の原価削減を目標とする」といった具体的な改善目標を原価削減率で設定します。斜線で示した原価削減総額が当期の改善目標の総額となります。

目標達成を目指し，原価改善活動を遂行した実際原価の推移を例示したのが波型の曲線です。実際原価の削減は，通常，計画どおりに直線的に推移するのではなく，効果的な改善提案により劇的に下がることもあれば，一度下がった原価がまた上昇することもありながら，改善目標に向けて，努力を続けます。

原価改善活動により達成された期末実際原価が，次期の基準原価となり，新たな原価削減目標を設定します。

こうした原価改善のPDCAサイクルを繰り返し，日常的・継続的に実施されるのが，期別原価改善です。

期別原価改善は，部門別に原価低減目標を割り当てることで改善活動を動機付ける会計情報の役割に加え，TQC/M（Total Quality Control/Management：総合的品質管理）やJIT（Just-in-Time：ジャスト・イン・タイム）生産のような物量情報を活用する現場の取り組みにも支えられています。

＜JIT生産＞

JIT生産とは，必要なものを，必要な量だけ，必要なときに生産する方法です。伝統的な生産方式であるプッシュ（押し出し）方式では，生産効率を重視し，多くの在庫を生み出したのに対して，市場の需要に応じて生産量を決めるプル（引っ張り）方式であるJIT生産では，過剰在庫や過剰労働力などの多くのムダを取り除くことで，コストダウンを図ります。

JIT生産を管理する手段の１つとしてトヨタで開発された手法に，カンバン方式があります。カンバン方式では，生産に必要な１単位分の部品を入れた箱に，品番，前工程，後工程，生産時期・方法，運搬時期・場所・方法などを記したカンバンをつけます。製造現場では，１箱の部品を使い切ると，そのカンバンを前工程へ送ります。前工程では，カンバンに記された数量の部品を製造し，カンバンをつけて後工程に送ります。こうすることで作りすぎの無駄を防ぐことができるのです。

＜TQCとTQM＞

1960年代以後，日本企業は，QCサークルと呼ばれる現場での少人数グループによる品質管理活動を通じて，日本製品の品質に対する国際的な高い信頼を得てきました。日本で発展したこの品質管理活動がTQC（Total Quality Control：全社的品質管理）です。

一方，米国では，1980年代前半の米国経済の低調を脱するための官民一体となった１つの取り組みとして，1987年に，マルコム・ボルドリッジ賞（米国国家経営品質賞）が創設されました。日本生まれのTQC研究から学び，さらなる戦略的要素を組み込みながら，体系的な品質管理の仕組みを構築しました。TQCが製造品質の向上を目指していたのに対して，マルコム・ボルドリッジ賞は，全社的な経営品質を審査対象にしたことで，TQM時代が幕を開けます。

その後，日本でも，1995年12月に，マルコム・ボルドリッジ賞に倣い，公益財団法人日本生産性本部が日本経営品質賞を創設します。

1996年４月には，日本企業の品質管理活動を主導してきた一般財団法人日本科学技術連盟（日科技連）は，TQC（全社的品質管理）をTQM（総合的品質管理）へ名称変更しました。

欧州でも品質管理活動に関する動きがあります。1987年３月に，欧州主導のISO9000シリーズが制定されると，1990年代前半には，日米企業における品質管理活動においても無視できない存在になってきました。つまり，ISO9000シリーズの認証取得なしに，国際的な取引をすることが徐々に困難になってくるなど，ビジネスルールの変更を迫られてきたのです。

Q18 ABC（Activity-Based Costing）の基礎

ABCの登場にはどのような背景があるのでしょうか？
また，ABCを理解するために必要な基礎的な概念は何ですか？

A

（1） ABC登場の背景

1970年代以降，急速に進展したFA（Factory Automation）化，CIM（Computer Integrated Manufacturing）化は，製造原価に占める間接固定費の割合を高め，消費者ニーズの多様化は多品種少量生産を浸透させ，製造原価に占める共通費の割合を高める傾向にあります。近年も，工場へのIoT（Internet of Things）導入など，工場の省人化は進行しています。

伝統的原価計算が前提とする従来の少品種大量生産時代の製造環境では，製造間接費は製造原価のごく一部にすぎなかったため，直接作業時間などの配賦基準を用いて，製造間接費を製品別に配賦しても，製品原価をそれほど大きく歪めることはありませんでした。

ところが，現代企業においては，例えばエレクトロニクス産業では，製造原価に占める直接労務費の割合が５％，製造間接費が25％という企業もしばしば見受けられます。こうした状況下において，ごく少額の直接労務費を基準として，高額の製造間接費を各製品に配賦すると，製品原価を歪めてしまうことは明らかです。

そこで，1980年代に，より正確な製品原価を計算するために，間接費を発生させる活動（activity：アクティビティ）に注目して，サポート活動の原価をコスト・ドライバー（cost drivers）にもとづき原価対象に負担させることで，間接費の直接費化を意図した原価計算手法として，ABC（Activity-Based Costing：活動基準原価計算）は脚光を浴びるようになりました。

（２）　ABCの特徴と基礎的な概念

ABCは，製品やサービスなどの原価計算対象が活動を消費し，さらには活動が経営資源を消費するという関係を基礎としています。

ABCでは，製造間接費を部門別に配賦するのではなく，活動別に集計します。例えば経理部門では，伝票の整理，財務諸表の作成，予算の編成，社内会議などの活動を一例として挙げることができます。

コスト・プール（cost pools）は，製造間接費を製品やサービス別に配賦する前にいったん集計する対象で，ABCでは活動がコスト・プールになります。

コスト・ドライバーとは，原価を発生・変化させる原因もしくはコストを原価計算対象に割り当てる測定尺度です。ABCでは，資源ドライバー（resource drivers）と活動ドライバー（activity drivers, activity cost drivers）の２つのコスト・ドライバーを認識しています。資源ドライバーは，製造間接費を活動に割り当てる測定尺度であり，活動ドライバーは，製品やサービスなどの原価計算対象にアクティビティを割り当てる測定尺度として利用されます。

コスト・ドライバーの一例を挙げてみました（**図表Ⅰ-15**）。例えば，機械の保守・保全を担当する保全係の賃金（経営資源）は，作業時間（資源ドライバー）に応じて，各種の保全活動（活動）ごとに集計され，各種製品（原価計算対象）の生産に使用される機械の稼働時間（活動ドライバー）に応じて，各製品の原価として配分されます。

［図表Ⅰ-15］　コスト・ドライバーの例

経営資源	資源ドライバー	活　動	活動ドライバー	原価計算対象
保全係賃金	作業時間	保全活動	機械稼働時間	各種部品
PC費用	端末台数	生産管理活動	使用時間	各種製品
梱包資材費	（直課）	梱包活動	製品個数	各種製品

Q19 ABCの計算構造

ABCと伝統的原価計算の計算構造にはどのような違いがありますか？

A

伝統的原価計算では，製造間接費の費目別計算の後，部門個別費を各部門へ直課し，部門共通費を適当な配賦基準により補助部門と製造部門に配賦し，補助部門費を製造部門に配賦します（部門別計算）。その後，製造部門に集計された製造間接費は，直接作業時間などの配賦基準を用いて，各製品に配賦します（製品別計算）。

一方，ABC（Activity-Based Costing）では，製造原価を製造直接費と製造間接費に分類するまでは，伝統的原価計算と同じです。異なるのは，その後からです。ABCでは，製造間接費を部門ごとに集計するのではなく，活動ごとに集計します。その後，活動ごとに集計した製造間接費を，活動ドライバーにもとづいて製品に配分します。

このように，伝統的原価計算が主として操業度を基準として配賦計算をするのに対して，ABCは活動に注目することで，より適正な製品原価計算ならび

［図表Ⅰ-16］　伝統的原価計算とABC

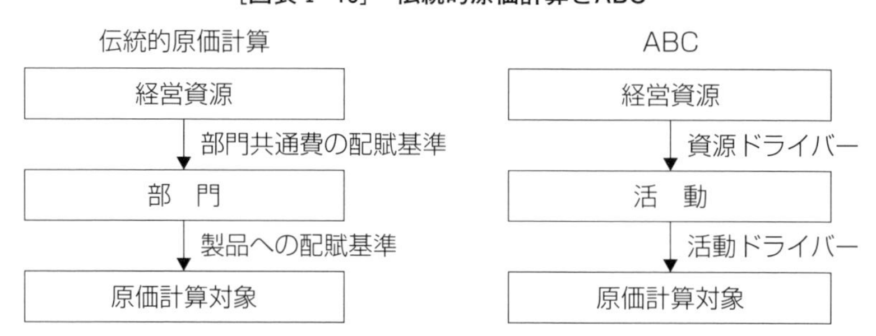

に資源配分を意図しています（**図表Ⅰ-16**）。

また，原価計算手続き上の違いとして，できるかぎり直課を目指すABCでは，伝統的原価計算でおこなっていた補助部門費の製造部門への配賦ないし振替という手続きが不要になります。

では，これまでの説明をより深く理解するために，実際の計算例を用いて，伝統的原価計算とABCとの違いを見ていきましょう。

			製品A	製品B
＜製造間接費＞				
機械関連費	30,000円	運転時間	500時間	500時間
段取費	120,000円	ロット数	2ロット	10ロット
購買費	140,000円	材料受入回数	20回	50回
維持修繕費	160,000円	修繕回数	1回	3回
合計	**450,000円**			
＜製造直接費＞				
直接労務費			100,000円	50,000円
直接材料費			40,000円	30,000円
合計			**140,000円**	**80,000円**

なお，伝統的原価計算では，一般に，費目別計算⟶部門別計算⟶製品別計算という手続きを経て，製品原価を算出しますが，ここでは簡略化しています。また，製造間接費の配賦基準は，直接労務費を用います。

（1）伝統的な全部原価計算の場合

すでに，製造直接費は製品Aと製品Bのそれぞれに直課されていますので，問題となるのは製造間接費の製品別配賦計算です。製造間接費の配賦基準は，直接労務費を用いるので，各製品に配賦される製造間接費は次のように計算します。

$$\text{製品Aの製造間接費} = \text{製造間接費合計} \times \frac{\text{製品Aの直接労務費}}{\text{製品Aの直接労務費} + \text{製品Bの直接労務費}}$$

$$= 450{,}000\text{円} \times \frac{100{,}000\text{円}}{100{,}000\text{円} + 50{,}000\text{円}}$$

$$= 300{,}000\text{円}$$

$$\text{製品Bの製造間接費} = 450{,}000\text{円} \times \frac{50{,}000\text{円}}{100{,}000\text{円} + 50{,}000\text{円}}$$

$$= 150{,}000\text{円}$$

	製品A	製品B
製造直接費合計	140,000円	80,000円
製造間接費合計	300,000円	150,000円
製品原価	**440,000円**	**230,000円**

(2) ABCの場合

○製品Aの機械関連費

$$= \text{機械関連費総額} \times \frac{\text{製品Aの運転時間}}{\text{製品Aの運転時間} + \text{製品Bの運転時間}}$$

$$= 30{,}000\text{円} \times \frac{500\text{時間}}{(500+500)\text{時間}} = 15{,}000\text{円}$$

○製品Aの段取費

$$= \text{段取費総額} \times \frac{\text{製品Aのロット数}}{\text{製品Aのロット数} + \text{製品Bのロット数}}$$

$$= 120{,}000\text{円} \times \frac{2\text{ロット}}{(2+10)\text{ロット}} = 20{,}000\text{円}$$

○製品Aの購買費

$$= \text{購買費総額} \times \frac{\text{製品Aの材料受入回数}}{\text{製品Aの材料受入回数} + \text{製品Bの材料受入回数}}$$

$$= 140{,}000\text{円} \times \frac{20\text{回}}{(20+50)\text{回}} = 40{,}000\text{円}$$

○製品Ａの維持修繕費

$$= 維持修繕費総額 \times \frac{製品Aの修繕回数}{製品Aの修繕回数 + 製品Bの修繕回数}$$

$$= 160{,}000円 \times \frac{1回}{(1+3)回} = 40{,}000円$$

	製品Ａ	製品Ｂ
製造直接費合計	140,000円	80,000円
機械関連費	15,000円	15,000円
段　取　費	20,000円	100,000円
購　買　費	40,000円	100,000円
維持修繕費	40,000円	120,000円
製造間接費合計	115,000円	335,000円
製品原価	**255,000円**	**415,000円**

このように，伝統的原価計算では製品Ａの方が製品Ｂよりも製品原価が高いと計算されたのに対して，ABCでは，製品原価の多寡が逆転しています。

さらに，２つの製品の特徴について見てみましょう。製品Ｂは製品Ａに比べて，段取および材料の受入回数が多く，直接労務費が少ないなどの特徴があります。すなわち，製品Ｂの方が，多品種少量生産タイプの製品と言えます。

以上のことからもわかるように，伝統的原価計算では，実際には手間のかかる多品種少量生産タイプの製品原価を，不適当に低く算出してしまう傾向があります。

Q20 ABM（Activity-Based Management）

継続的業務改善のためのABMとはどのような管理手法ですか？

A

（1） ABCからABMへの発展

ABC（Activity-Based Costing）は，製造間接費配賦計算の精緻化を目的に登場しました（➡ Q&A 18）。その後，1980年代後半には，米国のいくつかの企業において，活動が経営資源を消費することで原価が発生すると考えることから，単なる原価計算手法としての利用に留まらず，原価管理手法としての利用を試みる事例が登場してきました。これがABM（Activity-Based（Cost）Management：活動基準（原価）管理）です。

ABMは，ABC情報を活用し，業務プロセスの改善を通じて，経営効率を向上させることに主眼を置いています。そのため，ABCではコスト・プールとして活動に焦点を当てていたのに対して，ABMでは，業務プロセス改善の対象として，活動を認識しています。

（2） ABMの実践

ABMによる継続的改善プロセスは，①活動分析（activity analysis），②コスト・ドライバー分析（cost driver analysis），③業績分析（performance analysis）の３段階の分析を通じて，顧客価値を生み出し，利益改善を目指します。

① 活動分析

改善対象となる業務プロセスに，どのような活動があり，どれだけの人が関わっているのかを分析するのが活動分析です。ABCをすでに実施していれば，同じ活動を分析対象としてもよいですし，ABCを実施していなくても，業務改善のためにABMだけを実施することも可能です。

重要な点は，付加価値活動と非付加価値活動を識別することです。ABMにおける付加価値とは，企業内外の顧客にとっての価値の付加を意味します。すなわち，付加価値活動とは，生産的で，顧客に価値をもたらす活動を指し，一方の非付加価値活動とは，ムダな活動を指します。例えば，手待時間や部署内での報告会議のための準備作業時間は非付加価値活動に要している時間と言えます。非付加価値活動は排除する方向で検討を進め，付加価値活動であっても効率化を図っていきます。

②　コスト・ドライバー分析

非付加価値活動や非効率な活動を識別（活動分析）した後，その原因を識別するのがコスト・ドライバー分析です。原因を識別したら，しっかりと対策を講じることが重要です。

先ほどの例で，手待時間がなぜ発生しているのかを探ると，受注型の多品種少量生産において，納期にかかわらず受注順に生産していたため，段取回数が多くなり，生産ラインの手待時間が長くなっていることがわかったとします。そうであれば，受注順に生産指示を出すのではなく，納期・加工の類似性を考慮して生産計画を立てることで，手待時間が短くなるはずです。

③　業績分析

業務プロセスの改善のためには，活動の業績（パフォーマンス）を測定する業績分析も必要です。ただ，実際に活動そのものの業績を測定することは難しいことも多く，活動にかかるコストやコスト・ドライバーに関する測定可能な数値で代替するのがよいでしょう。

継続的改善活動のためには，目標値を掲げて，活動パフォーマンスの実績値との比較・分析を定期的に実施することも重要です。

Q21 コストダウンに役立つ工学的アプローチ

コストダウンに役立つ工学的アプローチにはどのようなものがありますか？

A

代表的なものをいくつか紹介しましょう。

① VE（Value Engineering：価値工学）

VEは，製品やサービスの価値を最大化するために，徹底的な機能分析を通じて，最小のコストで最大の機能の達成を目指す思考と技法のことです。購買・製造段階での取り組みをVA（Value Analysis：価値分析），開発段階での取り組みをVEと呼ぶことが多いです。

$$価値（V）=\frac{機能（F）}{原価（C）}$$

基本的な手順を説明しましょう。

【ステップ１：機能定義】

対象（あるいは構成要素）ごとに機能を分析し，原則として，名詞と動詞を使い，簡潔に定義します。例えば，コードレスアイロンであれば，「熱を出す」，「電力を蓄える」……などです。

【ステップ２：機能整理】

定義した機能を，目的手段関係に関連付けた機能体系図を作成します（**図表Ⅰ-17**）。

［図表Ⅰ-17］　機能体系図

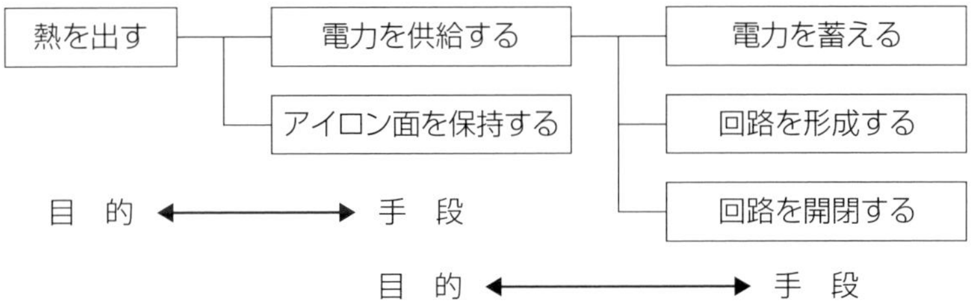

【ステップ3：機能評価】

関連する機能グループ（機能分野）ごとに評価します。例えば，「電力を供給する」目的を果たす手段のうち，「電力を蓄える」価値比率が，「回路を形成する」や「回路を開閉する」よりも低くなっており，代替案を探るべき第1候補の機能グループと言えます（**図表Ⅰ-18**）。その後，機能グループごとの現行原価と機能原価を比較して，原価低減余地も見据えた上で判断します。

［図表Ⅰ-18］　機能評価表

機能グループ	機能評価（F）	機能原価（C）	価値比率（V=F/C）
電力を蓄える	30%	450円	0.067
回路を形成する	15%	150円	0.1
回路を開閉する	5%	50円	0.1

【ステップ4：代替案作成機能評価】

価値が低いと評価された機能グループに対する代替案を作成します。

【ステップ5：提案とフォローアップ】

代替案の採用を関係者に提案し，VE実施後の成果を確認するフォローアップを実施します。

② QFD（Quality Function Development：品質機能展開）

顧客の要求に応えられる設計品質を設定し，品質特性との関連性をマトリックス化して，設計意図を製造工程にまで展開する手法です（**図表Ⅰ-19**）。

品質機能展開表を用いて，まず，お客様の声（要求品質）を，技術やサービスを提供する開発者の言葉（品質特性）に変換し，両者の対応関係の強さを◎○△で示します。次に，企画品質として，競合品も視野に入れながら，どの要求品質に重点を置くのかという重要度を決めていきます。つづいて，企画品質を実現するために，どのような仕様で設計するのかを明確化していきます。

［図表Ⅰ-19］ 品質機能展開表

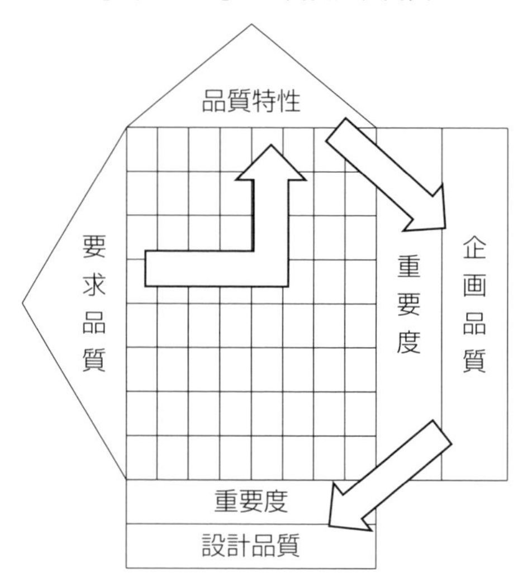

● さまざまな品質概念 ●

要求品質（顧客品質）：顧客・市場の求める品質。

企画品質：要求品質を受けて，どのような製品をつくるのかを，企画・考案した品質。

設計品質：企画品質を受けて，どのような設計にするのかを，設計図に落とし込んだ品質。ねらいの品質とも呼ばれる。

製造品質：設計品質を受けて，設計図どおりに実際に製造できているかどうかという品質。

③　コストテーブル（cost tables）

見積原価を，ある程度の正確さをもって，迅速・簡便に算出するために作成される資料のことです。部品や材料ごとに，調達・生産地，加工方法ごとなどに原価情報をまとめたデータベースとも言えます。

利用方法は各社各様ですが，例えば，開発・設計者が概算原価見積，調達部門が調達部材の原価見積，生産技術部門が加工費の原価見積のために利用します。

④　ベンチマーキング（benchmarking）（➡ Q&A 22）

競合，自社を問わず，優れた製品・部品やサービス，業務プロセスなどからベストのやり方を，自社に合った形で導入しようとする活動です。

⑤　テアダウン（teardown）（➡ Q&A 22）

競合他社の製品を分解して，設計や製造プロセス，サプライヤー情報などを分析する手法です。リバースエンジニアリング（reverse engineering）とも呼ばれます。

Q22 ベンチマーキングとテアダウン

Q21のベンチマーキングとテアダウンについて詳しく教えてください。

A

ベンチマーキング（benchmarking）とは，他社・自社を問わず，会社・部門単位での類似業務の中からベストのやり方を自社・自部門に合った形で導入しようとする活動です。そうしたベストの値にもとづき設定される自社・自部門の測定可能な目標値をベンチマークと呼びます。

開発・設計活動をおこなう時に，ベンチマーキングにより，他社商品で優れた機能を低コストで実現している詳細がわかれば，それをベースとした設計ができるようになり，同様の機能をより低コストで実現できる可能性が高まります。

ベンチマーキングをおこなうために，他社商品の使用技術や機能，原価情報などの詳細情報を入手する手段としてテアダウン（teardown）をします。

テアダウンとは，他社商品を入手し，部品レベルまで細かく分解し，他社商品と自社商品を比較分析することにより，開発商品のコストダウンや品質向上などを進める活動です。他社商品は，図面情報が入手できないため，購入した商品から開発に必要な情報を得ることを意図しています。

どちらの手法も，商品のコストダウンへの取り組みのために活用しますが，ほかにも，開発商品の仕様・機能を選択する時の参考，使用技術の確認，商品の目標値設定などに活用できます。

テアダウンによる分解調査手順は次のとおりです。

1）　分解・分析調査対象商品（競合商品や優れた機能を持つ商品など）の選定・入手

2）　調査事項（商品の特徴，特殊機能・部品，見積条件，生産・物流条件など）の検討・決定

3）　調査スケジュールの策定と関連部門との調整

4）　機能別分解・調査と部品構成表の作成

5）　部品の原価見積（➡ **Q&A 25**）

6）　見積原価の部品構成表への記載・集計

7）　各種原価項目の各社比較・分析，レポート作成・発行

以上の活動により，他社商品の原価情報を入手します。

ベンチマーキングを事例で説明しましょう。新製品開発の際に，自社の現行製品の設計では，「プラスチック材料を適正に使用できているか？」，「より低コストの設計はできないか？」を確認・検討するため，仕様・機能が同等な自社製品と競合製品のプラスチック材料の使用状況を比較しました（**図表Ⅰ-20**）。

［図表Ⅰ-20］　プラスチック材料の使用比較

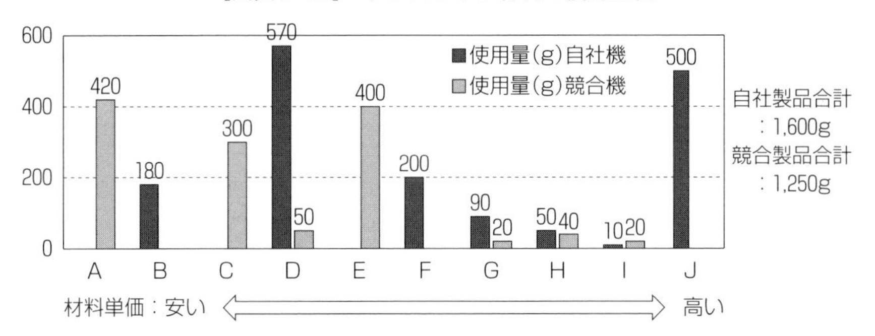

この競合製品データは，テアダウンによる調査結果です。すると，自社製品では，高価な材料Ｊの使用量が多いのに対して，競合製品は，低コストの材料Ａ，Ｃ，Ｅを多く使って設計しています。また，使用量合計も自社製品が350gも多いことがわかりました。各材料の使用部位もわかっているため，この結果をもとに，新製品の設計をおこなうことで，大幅な原価改善が可能となります。

Column・5　非製造業のコストダウン

コストダウンは製造業の話が多く，非製造業では取り組まれていないと誤解を招くかもしれませんが，そんなことはありません。

例えば，建設業では，製造業同様に，原価企画やVE（Value Engineering），原価改善活動なども積極的に実施されています。

鉄道事業の原価計算は，19世紀に遡ることのできる歴史がありますし，鉄道事業に加えて，通信や電気・ガス事業においては，それぞれの事業法に規定される原価把握の仕組みがあり，ABC（Activity-Based Costing）が採用されているとも言えます。

宿泊業や航空業では，設備投資費や運営コストの削減はもちろん，特に，イールド・マネジメント（yield management）と呼ばれる需要予測にもとづいて，販売単価と稼働率を調整して収益の最大化を図る利益マネジメントが進展しています。

小売・卸売業や飲食業では，仕入原価だけでなく，店舗運営のための経費，プライベートブランドや新メニューの開発など，製造業よりもビジネス全体の利益・原価構造への積極的な取り組みがなされているとも言えます。

かつては精緻な原価計算の仕組みを持たなかったサービス業などでも，金融業では顧客別収益性分析，病院では診療科別収益性分析，地方公共団体では住民サービスの費用対効果分析のために，原価把握のニーズは高まり，教育機関なども含め，原価計算・管理やABC/Mの導入が進んでいます。

つまり，本章で紹介したコストダウン手法は，製造業だけでなく，非製造業でも活用されていますし，ここでは紹介しきれなかった非製造業発の利益・原価管理手法もいくつもあります。

むしろ，製品のコストダウンに目がいきがちな製造業よりも，非製造業の方が，顧客接点でサービスが成立する特徴から，利益管理と一体化した原価管理の可能性を秘めていると言えます。

第Ⅱ部
コストダウンの実際

開発・生産・調達のコストダウン

Q23 【開発】原価の8割以上が決まる商品企画・開発段階

商品企画・開発段階で，原価の8割以上が決まるとはどういうことでしょうか？

A

製品を販売するまでには，商品企画から開発（設計），製造というプロセスがあります。

商品企画・開発（設計）の段階で，販売価格や生産量，製造方法，品質，環境適合性・安全性，操作性，メンテナンス性など，さまざまな項目が決定されることで，製品の原価が決まってきます。

しかし，この段階ではまだ生産はおこなわれていませんので，製造費用は発生しません。実際に多くの費用が発生するのは，部品や材料の調達，生産を開始した後になります。生産開始後には，開発段階では見えなかった歩留まり，加工時間，組立工数などを改善するための生産性改善活動が始まります。

こうしたプロセスを経て，原価が決定・発生し，製品原価の8割以上が商品企画・開発段階で決定するとも言われています（➡ Q&A 3）。

原価の決定：商品企画・開発段階
原価の発生：調達・製造段階

(1) 原価の決定と発生

原価の決定と発生のタイミングを図示しました。原価の発生時点ではなく，より上流で原価が決定するため，商品企画・開発段階での原価管理の重要性がおわかりいただけると思います（**図表Ⅱ－１**）。

もちろん，原価決定・発生曲線は概念図ですので，実際には，このような滑らかな曲線を描くとは限りませんし，原価決定・発生のタイミングも，製品特性や原価管理の水準などによって異なります。

［図表Ⅱ－１］　原価決定曲線と原価発生曲線

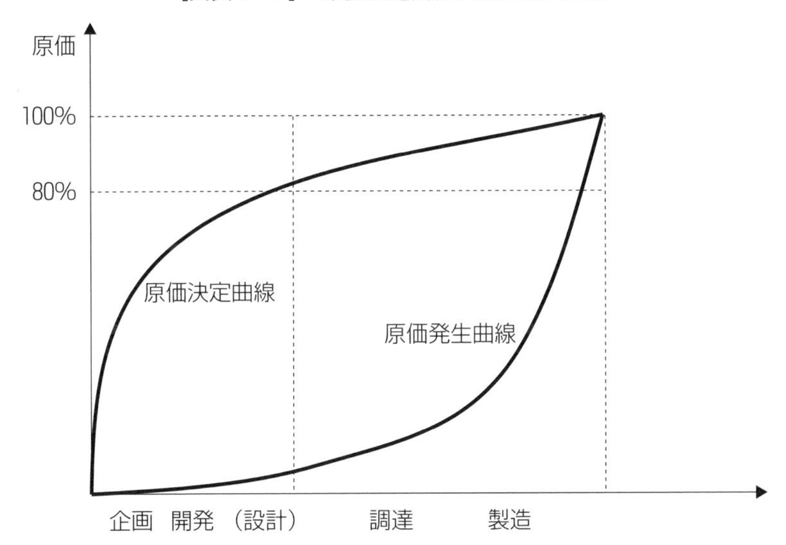

（２）　源流管理の重要性

それでは，多くの原価が決定する商品企画・開発段階での活動について，重要なポイントを説明しましょう。

この段階での活動は「源流管理」とも呼ばれます。

商品企画・開発段階での原価の決定に大きなウエイトを占めるのは，顧客や営業部門，企画部門からの要求仕様です。

こうした要求に対して，適正化を図ることが重要です。開発しようとしている商品に合わない仕様や機能は，大きなコストアップにつながります。商品として差別化でき，しかもスリム化するように，企画，営業，開発部門間で，要求仕様や機能を整理し判断することで，原価の抑制に大きな効果があります。

また，商品開発に参加するメンバーが協力して，開発・設計の各段階で，設計結果が設計要求を満たしているのを確認し，次の段階に進めてよいかを審査する設計審査を実施します。そうすることで，問題を先送りせずに，早い段階で原価を作り込むことができます。

特に，原価については，原価を見積評価し，目標原価（＝原価目標×生産量）の達成見通しを明示するコストレビューを実施します。そうすることで，目標達成のための課題と対応策を明確にし，開発のフロントローディング化も推進することができます。

フロントローディングとは，開発の初期段階に重点的に経営資源を投入することで，開発後期で発生する不具合や設計変更を未然に防ごうとする取り組みです。

（3） 源流管理を取り巻く環境変化

① 調達や生産のグローバル化の影響

原価決定・発生曲線の考え方は30年以上前から知られた関係図ですので，今日の調達や生産のグローバル化時代にも当てはまるのかという疑問を持たれる方もおられるでしょう。

つまり，調達先や生産拠点のグローバル化により，物流コストの考慮も含めて，選択肢が複雑化し，調達や生産に関する意思決定が遅くなり，原価決定のタイミングも遅くなるのではないか，という疑問です。

グローバル調達・生産による原価見積・計算の複雑化は，実際に多くの企業が直面する問題ですが，生産場所さえ決まれば，多くの原価も予測可能になります。生産場所は，出図（製造に必要な図面を発行すること）前には決定することが多く，遅くとも生産準備段階前までには決定します。

そのため，調達や生産がグローバル化しても，原価の決定は，変わらず，企画・開発段階で多くが決まると言えます。

②　フロントローディングの進展の影響

フロントローディングの進展の影響も見逃せません。特に，加工組立型産業においては，複数の製品に共通の部分を初めに設計し（部品の共通化），それをもとに多種類の商品開発をおこなうプラットフォーム開発が一般化してきています。

そのため，開発・設計のフロントローディングが進み，以前よりも開発・設計活動は前倒しされてきており，原価の決定時期は，早まる傾向にあります。

今後も，さらなるフロントローディング化の進展が予想されます。開発・設計環境でのCAE（Computer Aided Engineering：開発・設計の初期段階からコンピュータを用いて設計・構造解析を効率化し，試作回数を減らす設計技術）の進化や，すでにフロントローディング化によって削減効果の出ている開発経費のさらなるコストダウン活動が推進されるためです。

したがって，企画・開発段階の活動はより前倒しされ，短期化されていくことは，明らかです。

Q24 【開発】設計者の原価意識の醸成

設計者に必要な心構えはどのようなものでしょうか？

A

設計部門は，機能を作り出すことが最も重要だと考え，多くの設計制約がある中で，いろいろなアイデアを出し，検討・判断しながら，実現していきます。

そのため，機能を考えるだけで精一杯で，原価のことまで考えていたら，設計が成り立たなくなると，設計部門の担当役員が言うことがあります。こう言われてしまうと，設計部門では原価を考えた設計をしなくなります。

実際に，設計時に原価を全く考えないことはないとしても，ほとんど考えていない設計者も存在しており，それでよいと思っている上司がいることも事実です（中小企業に多い）。

しかし，これでは競合に勝てず，売れる商品をつくることはできません。

同じ機能を設計するにも，原価の高い機能と安くした機能を設計できます。単純に使用材料の差異だけでなく，冗長設計（万一のトラブルに備えて，信頼性や安全性を高め，必要な機能を果たすための余裕や予備を確保する設計方法）をどこまで織り込むかでも，大きな原価の差が出てきます。

加えて，原価を考えずに設計をしていると，いつまで経っても原価がわからない設計者になってしまい，上司は，どこの会社でも必要とされない設計者を育ててしまうことになります。

そうならないために，設計者は，自分が描いた図面をもとに，どのようにモノづくりをしているのか，自ら製造現場に行くことが重要です。この時に，部品図面に描かれたことが，どのように原価として決まっているのかを現場で確認してください。

そうすることで，設計者は，製造工程と原価の決定要因についての知識を習得できます。リーダーや上司は，それを実践でわかるように原価見積についての教育の機会を与えてください。そして，設計者自らが，「見積できる設計者」を目指してください。

● 見積できる設計者のための心構え ●

・設計者は，原価に関心を持つ。
・設計者は，製造現場に足を運び，自分が描いた図面が，どのようにモノづくりされ，原価となるのかを知る。
・設計者は，製造工程と原価の決定要因を学ぶ。
・上司は，原価見積の教育機会を与え，「見積できる設計者」を養成する。

また，機能やコストを作り込む過程は，設計者個人が担うのではなく，関連部門の人達も協業して作り込みます。設計者は，関連部門との検討結果を構想図面の中に反映させます。

その後，原価の見積・評価をおこない，目標達成可否を自己評価します。目標達成の見通しができるまで，詳細図面を描かない（上司は描かせない）ようにすることが，目標原価達成のためには重要なポイントです。

このように，設計者の原価意識を醸成するためには，設計者自身が心がけることに加え，上司は原価管理事務局のサポートも受け，機能や品質同様に原価に関する業務も本来業務であるという意識を浸透させ，低コスト設計を指南するOJT（On-the-Job Training）と，商品の収益性や原価見積の教育などのOff-JTに積極的に取り組む必要があります。

Q25 【開発】コストの作り込み

コストの作り込みは，どのようにすればよいのでしょうか？

A

企画・開発段階からの原価の作り込みは，現状の原価レベルを認識し，目標原価達成活動を実施するPDCA（Plan-Do-Check-Action）活動です。

商品開発においては，（1）目標原価の達成を目指して原価を作り込み，（2）作り込んだ原価を見積もり，（3）目標を達成しているか否かを確認して，達成の見通しがあれば，次のステップへ移行する判断をおこないます。この一連の活動を，具体的に説明していきます。

（1） 目標原価に作り込む

まず，目標原価（＝原価目標×生産量）に作り込むためには，材料や部品，加工工程・工数の最小化を心がけた「使わない設計」にすることが基本です。

その手段は，例えば，①低コスト視点からの要求仕様のスリム化検討，新技術の採用，②安定品質・低コストの標準材料・部品や共通材料・部品の使用と使用量の低減，③重量や部品点数，種類別材料使用量など物理的指標の目標値にもとづく低コストで少量・少種類の使用などがあります。

こうした施策を多く創出するために，VE/VA（Value Engineering/Analysis），テアダウン，ベンチマーキングなどを実施します（➡ Q&A 21，22）。

（2） 作り込んだ原価を見積もる

次に，作り込んだ原価を見積もります。設計者が原価見積する方法は，①過去の原価見積とその実績見積（＝取引先見積値）の対比を参考にする，②実績ある見積経験者による，③社内基準に則るなどがあります（➡ **Q&A 36，48**）。

（3）目標原価の達成度合いを確認する（コストレビュー）

つづいて，原価見積にもとづき，目標原価と見積原価との比較，目標達成可否の判断，達成のための課題を明確にし，さらなる検討を繰り返します。

製造段階に入ってから，品質不良が多発したり，目標原価の未達がわかったのでは，遅すぎて十分な対応ができません。

そのため，開発の初期段階で，設計品質（Quality, Cost, Delivery）を客観的に検討・評価し，課題に対する対策を講じて設計品質を高め，開発の効率的な進捗を図ることを狙い，設計審査をおこないます。この際に，企業内の経験豊富な人の知見も使って設計品質を高めることを，全員設計と言います。

設計審査では，機能や性能の作り込み，品質関連項目（信頼性，安全性，操作性，環境適合性など），開発スケジュール，目標原価の達成見込みなどの審査をおこないます。

残念ながら，原価に対しての検討や議論はほかの項目に比べて不十分な会社が多いと感じます。機能・性能や品質関連の検討に時間を取られてしまうことも大きな要因だと思われます。

そこで，設計審査とは別に，コストレビューを実施し，しっかりと原価について検討・評価することをお薦めします。コストレビューでは，以下の３項目を必ず確認してください。

● コストレビューの確認事項 ●

・商品全体と各担当部門に割り付けされた原価目標値
・商品全体と担当部門に割り付けされた原価目標値の達成見込み
・達成見込みを可能にする理由，達成見込みのない時の対応策

ほかにも，原価費目ごとや物理的管理指標（重量，部品点数など）などの達成状況を確認したりします。

設計審査やコストレビューの実施タイミングは，部品を製造委託している場合には，設計部門から製造委託先に出図（製造に必要な図面を発行すること）する前におこないます。

設計者からは「割り付けられたコストの範囲に収めることができない」という声をよく聞きます。主には，次のような課題が挙げられます。これらの課題に対応して，目標原価を達成する図面の作り込みを実践してください。

● コストの作り込みのための課題 ●

- 顧客からの要求仕様について，コスト評価した上での設計案の採用可否の判断ができない。
- 要求仕様の確認ミスや確認漏れのため，設計の手戻りが発生する。
- 設計変更の頻発のため，コストを抑えることができない。
- 標準化や共通化，流用設計がうまくできない。

Column・6　開発経費と開発リードタイム

企画・開発段階で使用する開発経費についても，改善活動を実施します。開発経費は，主に，開発に係る人件費，試作評価するために試作品を製造する材料部品費，試作時の設備費用（設備の減価償却費）などです。一般的な会計処理方法では，開発経費は，製造原価ではなく一般管理費として処理されます。

開発経費の改善には，製造原価とは少し違った取り組みが必要です。

開発に係る人件費は，開発に係る人数および工数と，各人の時間当りの単価によって決まります。開発経験が少ない人の単価は安く，経験が豊富な人の単価は高くなります。さらに，人数を多く投入すれば高くなります。実際には，開発期間が長いほど，人件費も高くなる傾向にあります。

開発リードタイムの短縮やフロントローディング（➡ Q&A 23）は，開発に係る人件費の改善に大きな効果があります。また，フロントローディングによる試作回数の削減は，材料部品費の削減にも効果的です。

材料部品費は，新規設計した製品を試作評価するために，試作品をいくつか造ることで発生するので，試作品の製作数を減らすことで改善できます。CAD（Computer Aided Design）上での確認やCAE（Computer Aided Engineering）を多用することで改善効果が上がります。

加えて，設計部門や関連部門間の調整や，情報共有を円滑にすることで，開発後期で顕在化するトラブルを未然に防ぎ，設計変更を減らすことで，開発リードタイムの短縮や試作品の製作数の削減が図れます。

直接費を中心とした製造原価の低減を目指すことの多い原価企画活動だけでなく，開発経費の改善に取り組むことも，開発活動をマネジメントする上で，面白い取り組みとなります。

Q26 【調達】調達部門の役割

調達部門の役割は何ですか？
また，どのような活動をするのでしょうか？

A

製造業の調達部門では，一般的に，直接生産に投入する直接材と，生産に必要な工具・備品類，生産設備に必要な消耗品類などの間接材を扱います。直接材は，原材料費や購入部品費，間接材は，補助部品費や工場消耗品費などの費用項目となります。

まず，製造業において購入額が多い材料や購入部品の調達活動について説明します。

［図表Ⅱ－2］　製品ライフサイクルにおける調達活動

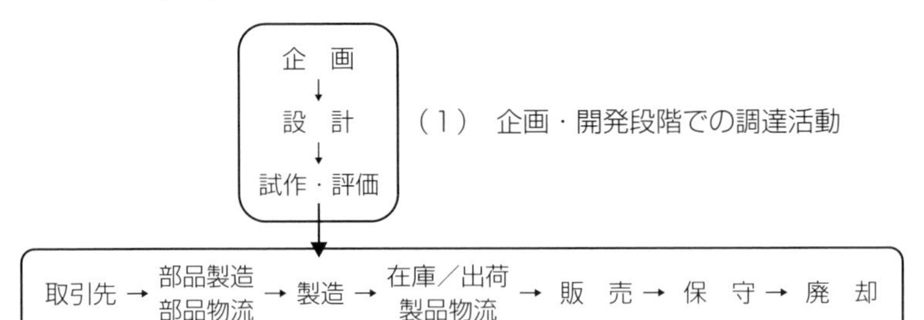

製造業における材料や部品の調達活動期間は，商品開発の企画・開発段階から，量産製造し，商品の保守から廃却するまでの長期間におよびます（**図表Ⅱ－2**）。

製品ライフサイクルの中で，開発段階では，試作部品や試作用金型の調達（研究開発費として扱われますが，量産製造につながる活動として調達部門が担当する企業が多い）に始まり，本格的な生産をおこなう製造段階での原材料や購入部品の調達，その後，商品が廃却されるまで，定期交換やメンテナンスに使用する保守部品を調達します。加えて，新商品の企画・開発段階では，開発商品のQCD（Quality, Cost, Delivery）目標達成のために，安定品質で低コストの部材，取引先情報などを開発メンバーに提案し，提供する役割を担っています。

次に，調達部門の役割について，（1）新商品開発における企画・開発段階と（2）製造・保守段階に分けて説明していきます。

（1）　新商品開発における企画・開発段階での調達部門の役割

企画・開発段階で，原価の80％以上が決定するとも言われています。そのため，調達部門も，早い段階から商品開発プロジェクトの一員として活動する必要があります。材料や部品の調達先への発注や購入費用の発生は製造段階ですが，調達先や購入単価は企画・開発段階で決定します。調達メンバーは，このことをよく理解して，企画・開発段階での活動に臨む必要があります。

（1-1）　企画・開発段階（出図前）の調達活動

設計図面ができる前に，開発活動や購入部品・材料に関する有用なコスト情報を，積極的に提案・発信します。具体的には，部品・材料の低価格情報，取引先の開拓を含めた低価格で購入できる取引先情報，製造コストを下げる技術情報などを開発部門に提供し，協業を通じて，目標原価（＝原価目標×生産量）を達成します。こうした活動を開発購買（➡ **Q&A 28**）と言います。

● 企画・開発段階（出図前）の調達活動 ●

① 部品・材料の低価格情報
② 取引先の開拓を含めた低価格で購入できる取引先情報
③ 製造コストを下げる技術情報

などを開発部門に提供。

（1－2） 企画・開発段階（出図後）の調達活動

設計図面ができた後に，要求機能・品質を満たし，最低価格での部品・材料の購入を目指し，取引先からの見積の評価，コスト構造分析からの改善，購入先決定をおこない，製造段階につなげる活動を実施します。

具体的には，以下のような活動をおこないます。①から④が出図（製造に必要な図面を発行すること）前の準備活動で，⑤以降が出図後の活動となります。

● 企画・開発段階（出図後）の調達活動 ●

① 調達部門としての活動計画の作成
② 購入部品・材料の決定：開発・生産部門と協業して決定
③ 購入部品・材料ごとの取引先目標価格の設定
④ 取引先候補の選定
⑤ 取引先候補へ見積依頼
⑥ 見積回答の入手：統一書式による取引先見積明細
⑦ コスト構造分析からの改善
・取引先固有の費用などを発見し，削減
・ほかの取引先と比較し，優劣と改善点を探し，改善
・歩留まり率の改善　など
⑧ 購入部品の品質安定，荷姿・梱包形態と物流方法の最適化
⑨ 取引先の選定
⑩ 注文書の作成と発行
⑪ トラブルなどによる設計変更の内容確認と取引先への対応依頼

以上のように，企画・開発段階で調達部門に求められることは，技術・商品開発の視点で，開発メンバーと共に，時には取引先を含めて連携し，新商品開発のQCD目標を達成する活動をおこなうことです。

（2） 製造・保守段階での調達部門の役割

製造業では，調達部門が発注する部品・材料費が，製造原価の50％から80％におよぶこともあります。外部への支払金額はできるだけ少なくしたいですし，

金額も大きいため，年度予算達成に向けた改善が必要になります。

そこで，製造段階における調達の主な3つの役割を説明します。

● 製造段階の調達活動の3つの役割 ●
①　原価改善
②　取引先管理・評価
③　納期管理

（2－1）　原価改善

今日，製品ライフサイクルが比較的長い自動車や事務機などの原価改善は，調達部門と生産部門だけではなく，開発部門も連携した活動を通じて，多くの効果を上げています。ただし，開発部門による改善効果は，図面変更や部品評価などが必要なため，時間がかかります。一方，調達・生産部門による改善効果は，即効性があるものも多いため，期待は増しています。

調達部門の改善活動は，標準原価や改善予算を目標に実施する場合（期別原価改善）と，計画した利益を確保できない特定商品を対象に実施する場合（製品別原価改善）があります（➡ Q&A 17）。

これらの活動では，活動（実施）計画を立て，取引先や対象部品を決め，改善施策を検討・実行し，改善効果を見積評価し，確認します。

具体的には，次のような3つのアプローチがあります。

● 調達部門における製品別原価改善の3つのアプローチ ●
①　取引先との協業
②　代替購買・内製化
③　集中購買

①　取引先との協業

取引先工程の改善，包装・梱包形態の見直し，物流方法の見直しなど，調達部門と取引先との協業により改善します（➡ Q&A 28）。開発部門も巻き込めば，取引先の設備や工程に合わせて作りやすくする設計変更も可能になります。

②　代替購買・内製化

1社から購入しており，改善が進まない部品は，代替取引先を捜し，できるだけ2社や3社から購入するようにします。また，重要な部品で，自社にある程度の技術があるか，技術の獲得を検討している場合は，内製化を検討します。取引先には，内製化の可能性を伝えることで，価格交渉を持ちかけることもできます。

③　集中購買

取引先の集約化をおこない，1社からの購入量を増やすことで，量産効果が生まれる（規模の経済が働く）ようにします。ただし，集約化の前に，複数の取引先を継続的に観察し，一時的な低価格の提示ではなく，真のコスト競争力があることを見極めた上で，集約先を決めていきます。

（2-2）　取引先管理・評価

生産量計画で示された部品・材料の必要量を，できるだけ安く，安定品質で，納期どおりに購入するため，取引先業者の選定が重要です。そこで，定期的に，取引先評価を実施します。取引先評価では，要求品質や納期の遵守，適正な見積価格，経営状況，設備能力，技術・開発力，CSR活動（Corporate Social Responsibility：企業の社会的責任活動：人権・法令遵守，環境活動など）などを評価します。

取引先の評価は，今後の取引の方向性を決める重要な根拠となりますし，評価を取引先にフィードバックして改善を促します。また，取引先開拓時には，評価内容を説明し，評価にもとづく改善要求を採用条件とし，取引先を要求レベルへ近付けていきます。

取引先とは，低コスト・安定品質を確保し，継続的に取引可能な信頼関係を構築し，共存・共栄できる関係を醸成することが重要です。取引先の声も聴きながら，自社の調達レベルを上げていきます。

（2-3） 納期管理

安定品質の部品を納期までに調達するために，直前の生産計画にもとづいた手配では，計画数量を確保できないことがあり，早めの手配が必要になることがあります。例えば，供給量の不足が予測される部品は，先手管理で，必要量を確保する手段を講じます。また，歩留まりが悪い部品は，早めに，改善を仕掛けておきます。

また，部品を安定的に確保するため，倒産，自然災害，火災，テロ攻撃，感染症などの緊急事態に対して，BCP（Business Continuity Plan：事業継続計画）として，平常時から対応方針や運用体制を準備しておき，緊急時に事業の継続・早期復旧を図ることが重要です。

以上のとおり，調達部門の役割を，企画・開発段階と製造段階に分けて説明しました。

それぞれの段階で，調達メンバーの取り組みの姿勢やスキル，時間軸，具体的な活動などが異なることがおわかりいただけたと思います。

こうした両方の活動を無理なくできる人は多くはありません。教育や経験を積み，両方の活動ができるようになることが理想ですが，開発活動の規模が大きいとか，戦略的な開発商品などでは，担当を分けることも必要になります。

Q27 【調達】調達取引先と協業する改善活動

調達取引先と協業する改善活動の目的は何ですか？
また，どのような活動方法がありますか？

A

調達部門が取引先と協業する改善活動には，主に２つの目的があります。

● 調達部門による取引先と連携する改善活動の２つの目的 ●

（１） 新商品開発における商品目標原価の達成
（２） 製造段階におけるお客様（販売先）要求による改善，年度利益予算の達成

（１） 新商品開発における商品目標原価の達成

この目的のためには，開発部門に，調達部門と調達取引先が参画し，商品ごとの改善活動をおこないます。この活動は，開発購買活動（➡ Q&A 28）で詳しく説明します。

（２） 製造段階におけるお客様（販売先）要求による改善，年度利益予算の達成

この目的のためには，調達取引先ごとの活動が一般的ですが，グループ分けした購入資材ごとに活動することもあります。

その方法には，（２－１）調達戦略やVA/VE（Value Analysis/Engineering）による改善（➡ Q&A 21）と，（２－２）交渉による改善があります。

（2－1）　調達戦略やVA/VEによる改善

数年に渡る調達戦略・計画を策定し，取引先との協業を実践します。対象は，商品別よりも，取引先別や購入資材別の方が効果的です。例えば，購入資材ごとに，購入方法や技術的な検討による改善，取引先の変更，部品の内製化といった方法があります。

単年度の活動では，年度初めに，それまでに検討してきたVA/VE案を取引先に提示，取引先からもVA/VE案を提示してもらい，両社で検討し，役割分担や納期を決めて，実践します。

こうした協業は，創造的活動であり，両社の改善体質を強化するもので，利益圧迫にはつながりませんが，あらかじめ成果配分方法を決めておくなど，取引先への心配りは欠かせません。

（2－2）　交渉による改善

取引先に対して，取引価格を下げる依頼をします。依頼内容（改善対象・金額）は，取引先からの購入量や前年度改善実績などを参考に決めます。これは，本来的な改善とは言えず，取引先自身が工程改善などから得た利益を分配しているだけであり，行きすぎた要求にならないように，十分な注意が必要です。

中小企業との取引では，下請法により，親事業者には，買いたたきの禁止，代金の支払い減額や遅延，不当な利益の提供要請など11項目の禁止事項が規定されています。

売り手側（営業部門）と買い手側（調達部門）は，厳しくも，対等な立場で取引をおこなうことが重要です。

Q28 【開発・調達】開発購買

開発購買は，どのように実践するのでしょうか？

A

開発購買とは，製品の企画・開発の初期段階から調達部門と開発部門，時には取引先候補が加わり，最適な仕様，期間，生産量，目標原価（＝原価目標×生産量）を達成すべく，図面を作り込む活動です。

［図表Ⅱ－3］　A部品の開発購買活動フロー

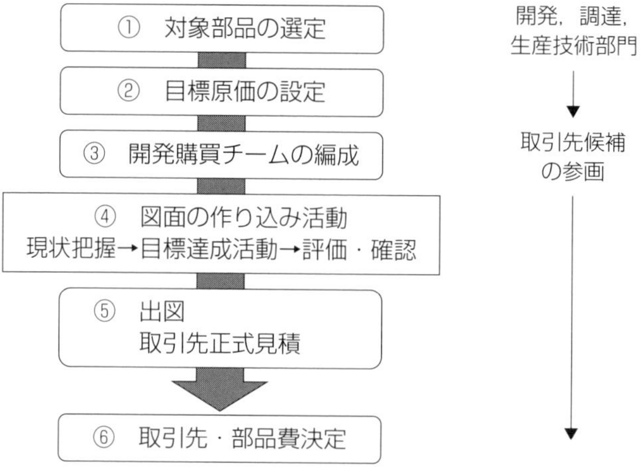

① 対象部品の選定

② 目標原価の設定

③ 開発購買チームの編成

④ 図面の作り込み活動
現状把握→目標達成活動→評価・確認

⑤ 出図
取引先正式見積

⑥ 取引先・部品費決定

開発，調達，
生産技術部門
↓
取引先候補
の参画
↓

原価の大部分は，開発の早い段階で決定します（➡ Q&A 23）。そのため，開発購買も，開発段階の早い時期から始める必要があります。

開発購買の活動事例を，活動フローに沿って紹介しましょう（**図表Ⅱ－3**）。

①　対象部品の選定

開発購買活動の対象となる部品は，高額で，品質の作り込みが必要なため，取引先との協業による成果が期待できるものを選定するのがよいでしょう。

Ａ部品は，ほかの商品でも使われ，同じ機能を持った類似部品で，不安定な品質，複雑な構造，歩留まりの低さのため，原価も高くなっており，開発購買活動の対象に選定しました。

開発購買活動は，要求仕様にもとづき設計が固まる前に，開始しました。

②　目標原価の設定

目標原価（＝原価目標×生産量）は，商品目標値から，各部品に細分化して決定されます。

③　開発購買チームの編成

新商品開発の企画段階で，Ａ部品の品質の作り込みと低コスト化を達成するために，調達，開発，生産技術，原価管理の各部門と取引先でチームを編成します。チーム編成に先立ち，調達バイヤーは，材料変更の候補を調査し，この材料候補を加工できる取引先候補を見つけ，開発，生産技術部門と十分な情報共有をしました。

取引先候補には，仕様や目標，納期などを説明し，協業を依頼し，合意を得て，チーム内での役割分担などを決めます。

④　図面の作り込み活動

ここから，目標達成，図面の作り込み活動が本格的に始まります。チームは，週に１，２回集まり，取引先や生産技術部門からは，CAE（Computer Aided Engineering）を活用し，各種解析にもとづく部品構造の提案や，製造部門からは，部品形状や改善提案などがあり，設計部門と話し合いながら，提案内容を検証し，図面化を進めていきました。

その結果，図面にもとづく試作品評価でも，品質の安定性が確認されました。

⑤　出図，取引先正式見積

⑥　取引先・部品費決定

それを受け，出図（製造に必要な図面を発行すること）し，取引先候補に見積依頼し，目標原価を達成することができ，正式に取引先決定となり，部品費も決定しました。

この事例では，プロジェクトチームを編成しましたが，調達部門に，開発部門出身者を集めた開発購買チームを配置する方法もあります。

いずれにせよ，開発購買を推進するために，次の２つの点が重要になります。

第１に，調達メンバーの姿勢とスキルです。調達バイヤーは，これまでに使っていない材料，加工技術，取引先情報などを探索・収集し，関連部門と連携し，新商品の企画・開発段階で提案し，QCD（Quality, Cost, Delivery）目標を達成する必要があります。そのためには，受け身の仕事ではいけません。開発メンバーとの打合せやデザインレビュー時に，開発部門メンバーから情報提供を依頼されることもありますが，それから活動開始するのでは商品開発に間に合わず，提案が採用されることは期待できません。

そこで，企画・開発段階の早い時期に提案することで，存在感のある仕事ができます。そのためには，日頃から，コストが安くなる購入方法・情報，品質が安定する情報などを蓄積しておくことが重要になります。

また，企画・開発段階における調達メンバーには，開発メンバーと同様のスキルが必要です（➡ Q&A 26）。調達部門は，開発活動の主体となる人材を輩出し，タイムリーで効果的な情報を提供できることが重要なのです。

第２に，取引先の参画です。開発購買は，単なる値引交渉ではなく，技術ロジックにもとづく改善や，品質を安定化させる活動です。取引先には，普段からコストダウンにつながる改善提案を依頼し，それをしっかりと採用促進することが重要です。取引先にも，開発購買によるメリットがなければ，ノウハウと労力の提供はできません。両者が納得して，改善活動を実践し，利益につなげる必要があります。

Column・7　調達取引先の決定

製造業で，調達バイヤーは，自社開発商品に必要な部品を最も安く購入できる調達取引先から購入します。

しかし，ただ安ければよいというものではありません。取引先には，事前に，必要な技術力や製造能力が備わっていることの確認をおこないます。また，新製品に関係するため，機密保持に関する契約を必要とすることもあります。その上で，要求機能や性能を満たし，トラブルを起こさない安定した品質を確保し，要求量の変動に対応することができ，さらには，設計変更要求にも対応できるなど，調達取引先は，受注するためのいろいろな条件をクリアする必要があります。

発注企業は，部品を購入するたびに，これらのことを決めていたのでは，なかなか取引先を決めることはできません。

そこで，事前に，取引先候補を購入部品の種類に分けて決めておきます。取引先数が多い企業では，要求項目別に点数評価し，評価点により取引先候補を決定することもあります。

新商品開発では，製造委託する購入部品原価の約80%が，企画・設計段階で決まってしまうため，調達部門メンバーは，開発部門と連携した活動をおこない，重要購入部品では，具体的な取引先候補を想定して活動することも必要です。

購入部品の調達取引先を決定する手順は，①開発商品の目標原価達成活動をおこない，②購入部品ごとに購入目標値を設定し，③事前に決めた取引先候補に対して，競争見積依頼をするか，目標値による指値での購入依頼をおこない，④取引先から目標値を達成する回答があれば，取引先決定となります。

Q29 【調達・開発・生産】外的要因への対策

為替変動や材料価格の高騰などの外的要因には，どのように対処すればよいのでしょうか？

A

企業活動に影響する外的要因には，為替や材料市況の変動，仕入先の人件費高騰，天災などがあります。企業によっては，急な増産，減産などを含めている場合もあります。

ここでは，為替変動と材料価格の高騰について，調達部門を中心に，開発・生産部門との連携も含め，対処方法を説明します。

（1） 為替変動への対処方法

為替変動は，予測困難なため，多くの企業がリスクヘッジ能力を高めて対応しようとしています。

しかし，短期的な為替変動に対応するのは難しく，可能な限りでの原価改善でしか対応できません。そのため，新商品開発の原価企画では，原価見積の前提条件として為替レートを設定することで，責任の所在を明らかにしつつ，状況に応じて，さらなる原価低減努力を引き出すようにします。

一方，長期的な為替変動への対処方法には，現地調達・生産の進展や現地通貨による取引拡大などがあります。現地調達・生産は，現地の製品需要を見込む顧客・市場要因や，良質で低コストの労働力や原材料の確保を見込む生産要因によって進展してきましたが，為替のリスクヘッジにも効果があります。

（2） 材料価格高騰への対処方法

材料価格の高騰は，ある程度予測ができ，購入費用の上昇という形で表れるため，調達部門の責任となりがちです。もちろん，調達部門の対策も重要ですが，開発・生産部門も協業することで，大きな効果をもたらします。

（2－1）　調達部門の対策

調達部門の主な対策は，次のとおりです。

1）　原材料価格の変動予測，自社の使用量予測，代替材料への切替えなどにもとづき，取引先と交渉する。

2）　取引先との定期的な情報交換など，友好関係を強化し，安定供給体制を確立する。

3）　複数社購買により，競争原理を働かせる。

加えて，調達部門は，より低コストの材料や新材料，新取引先を探し，開発部門に提案します。そうした提案は，通常の開発段階において実施されます。調達部門だけでなく，開発部門でも，部門の中期戦略や短期の予算検討の段階で，予測と対策を整理し，実施計画を策定し，実践することが望まれます。

（2－2）　開発部門の対策

開発部門での基本的な対策は，材料を「減らす／使わない」，「代替する」の実践です。

1）　軽薄短小の設計

①　部品数削減：部品の点数を少なくする。

②　薄肉化：部品などの厚さを薄くして，使用量を少なくする。

③　小型化，重量低減：構造をシンプルに，材料を少なくする。

2）　歩留まりの最大化

歩留まりとは，原料投入量に対する生産数量の割合のことで，原材料のさらなる有効活用を図ります。

3）　標準化・共通化の促進

部品やユニットごとの設計仕様を標準化することで設計の効率化を図

る設計の標準化や，設計や部品，ユニットを商品横断的に共通のものを流用する共通化を図ります。

4） 低コスト材料での設計

高価な材料の使用をやめ，低コストの材料に変更します。しかし，単純に変更するだけでは問題が生じかねないため，予測される問題に対応した設計が必要です。

加えて，新商品開発の原価企画活動においても対応が必要です。新商品開発の企画時点で，材料価格の高騰が予測される場合，目標原価（＝原価目標×生産量）値の設定に，この予測分を含めます。実際に材料価格が高騰してから対応していたのでは，対策を講じることが難しくなることも多いからです（➡ Q&A 50，51）。

（2－3） 生産部門の対策

生産部門の主な対策は，次のとおりです。

1） リサイクル活動の強化

廃棄物の再利用や再資源化の可能性を追求する。

2） 生産の改善

① 材料の廃棄ロスや使用量の削減：作りすぎを防止し，不要在庫を削減し，歩留まりを改善する。

② 設備・製造機器の更新による生産効率化：材料使用量や段取替え時の材料ロスを最小化する。

Column・8　トヨタの原価改善力のすごさ

原価改善は，経済危機に即応できる企業の強い味方です。特に，製造段階における調達，生産部門による改善効果は，すぐに利益となって業績に反映されます。

多くの企業が原価改善に取り組む中，トヨタ自動車の原価改善力は，特筆に値します。リーマンショック時の2009年３月期は，売上高20.5兆円，営業損失4,610億円と大きく減少しましたが，翌年の2010年３月期には，売上高は18.9兆円とさらに減少する一方で，営業利益は1,475億円と大きく回復しました。

新型コロナウイルス感染症が蔓延する2020年３月期も，営業利益は２兆4,428億円と，１％（247億円）の減少幅に留めました。新型コロナウイルス感染症によるマイナスの影響が1,600億円ある中でも，原価改善（1,700億円）や経費（450億円）の削減により，利益を押し上げています。ここ数年でも大きな改善だったと，執行役員もコメントしています。

トヨタ自動車では，大きく売上が減少する中でも，調達・生産を主体とした製造原価の改善効果が上がっており，その取り組みは，リーマンショック時よりも，新型コロナウイルス感染症への対応時の方が，強化されていることがうかがえます。

こうした原価改善力は一朝一夕には手に入りません。社員一人一人が原価意識を高め，日頃から，愚直に，地道に，実践を続ける改善体質こそ，目指すべきところではないでしょうか。

Q30 【開発・生産・調達】製造段階のコストダウン

製造段階におけるコストダウン活動の目的は何ですか？
生産部門や調達部門だけでなく，開発部門も参画した方がよいのでしょうか？

A

製品ライフサイクルが比較的長い商品（例：自動車，事務機器など）では，製造段階でのコストダウン活動にも取り組みやすく，次のような目的で実施されます。

● 製造段階におけるコストダウン活動の目的 ●

① 開発段階の目標原価や計画利益が未達のため。
② 商品価格の下落や予算目標原価未達のため。
③ 生産商品全体の改善予算目標を達成するため。

一般的な方法としては，調達部門と生産部門に，改善目標をトップダウンで設定し，調達部門は，取引先と協業するなどして改善活動を実施します。しかし，この方法ではうまくいかないこともあります。

上記の目的①は，開発段階の積み残しであり，生産部門の努力で達成できる保証はなく，目的②も，調達・生産部門だけの取り組みでは，限界があります。これらの製品別原価改善も，計画的に実施される目的③の期別原価改善も，開発部門も参画した方が，成果が上がります（➡ Q&A 17）。

製造段階の改善活動に開発部門が参画するメリットは，その改善効果の大きさです。調達部門だけでは，取引先への価格交渉になりがちですが，開発部門が加われば，材料の変更など，根本的な解決策が期待できます（➡ Q&A 28）。

加えて，実施した改善施策を，次期新商品開発へ応用することも可能です。

一方，開発部門が参画するデメリットは，開発メンバーが製造段階でも活動するため，新商品開発業務に支障をきたす可能性です。

開発部門にとっては，業務量は増えますが，目標利益達成のための重要な業務であり，次期新商品開発への応用や，若手設計者がモノづくりを学ぶ機会でもあります。そのため，部門長は，ジョブ・ローテーションに気を配るなど，一部の開発メンバーに負担が集中しないマネジメントに努め，製造段階でのコストダウン活動への参画に理解を示して欲しいと思います。

商品価格の下落に対応した目的②の事例を１つ紹介しましょう。

購入総額や部品単価が高額の取引先を対象に，取引先ごとに，調達，生産技術，開発，原価管理の各部門からメンバーを選出し，取引先現場で，部品の製造工程を見ながら，現場担当者と設計仕様のロス・ムダの最小化を検討する改善活動を実施しました。

開発部門は，事前に，開発期間中の図面変更により原価が大幅に上昇した部品の改善案と，別途，設計改善を検討しておきました。開発部門は，取引先にそうした案を提示するとともに，取引先からも改善提案を受け，できるだけその場で判断していきました。早く判断することにより，取引先は，改善の重要性を理解し，改善策を早く導入することができました。

その結果，開発部門が参画したことで，原価改善が大きく前進しました。

Q31 目標を決めることの重要性

原価企画や原価改善活動の目標は，必ず決めないといけませんか？

A

原価企画や原価改善活動の目標値は，目指すべき水準，使える時間をしっかりと認識するために不可欠です。目標がなければ，どこまで達成すればよいのか，いつまで続ければよいのかが不明確になり，活動が自然と下火になったり，逆に，マンネリ化しながら続けることにもなりかねません。こうしたやり方では，なかなか成果が上がりません。

まず，以下の２つの事例を見てみましょう。事例１は新製品の開発段階，事例２は製造段階において，さらなる原価低減が必要になった事例です。

【事例１】

新製品の開発段階の目標原価達成活動において，開発初期段階での活動が不十分で，企画時に決めた仕様からの変更も必要になり，開発段階の終盤でのさらなるコストダウンが必要になった。

【事例２】

製品の製造段階において，競合商品の低価格での販売開始や，顧客からの値下げ要求のため，さらなる原価改善が必要になった。

これらの場合に，どのように目標値を設定するのでしょうか？

【事例１】

新製品の開発段階の目標原価達成活動において，さらなるコストダウンが必要になっており，当初に設定した新製品の目標原価値に対するギャップが目標値です。その目標値を，活動する機能部門ごとに機能役割に応じて割り付け（分解し）ます。

【事例２】

製品の製造段階において，さらなる原価改善が必要になっており，まず，値下げされた売価を確認します。そこから，原価改善の必要額を算出し，原価改善目標値とします。

次に，目標原価（＝原価目標×生産量）設定のステップを紹介します。

● 目標原価設定のステップ ●

１）　さらなるコストダウンが必要になった背景と理由の確認
２）　①（新製品開発段階）当初設定した目標原価値とのギャップ額や仕様変更などの要求変更に伴う金額の算出
　　　②（製造段階）価格低減要求額の確認と原価改善目標額の算出
３）　対象商品や費目，機能部門の決定
４）　全体のコストダウン目標の設定
５）　活動する機能部門や活動チーム体制の構築
６）　目標値を機能別・費目別に細分割付

ステップ６）の目標値を機能別に細分割付した後，メンバーに対して，改善の必要性を説明した上で，改善活動を実施してください。

つづいて，達成目標を決めることのメリットとデメリットを挙げておきます。

目標（水準，期間）を決めることのメリットとデメリット

【メリット】
・いつまでにどれだけのコストダウンを目指すのかが明確になる。
・活動対象を明確化することで，労力を集中できる。
・チーム活動の目標を明確化することで，協業が進めやすくなる。
【デメリット】
・プレッシャーを感じることがある。
・高すぎる目標値は，あきらめ感が先行してしまう。

最後に，経営者やリーダーへの注意点を指摘しておきます。

経営者が，漫然と日常的に，従業員に『もっと原価改善をやれ！』といっている企業もあります。経営者は，原価改善の必要性を認識している取引先などから，「御社では原価改善をしっかりやっているのか？」と聞かれるため，ついついそう言ってしまう。

しかし，従業員にしてみれば，目標が不明のため，闇雲に活動して疲れてしまいます。

このように，明確な目標設定がない状況では，いくら時間とお金をかけて原価企画・改善活動に取り組んでも，十分な効果を上げることはできません。どの商品を対象に，いつまでに，どこまでコストダウンするのかを明確にすることが重要です。

目標設定だけでなく，原価企画・改善活動における経営者やリーダーの留意点については次のQ&A 32で説明します。

Column・9　挑戦的な高い目標に立ち向かう

挑戦的な高い目標が設定されると，何から始めたらよいのか？　どこから手をつけようか？　などと，いろいろ考えてしまいます。逃げたい気持ちが芽生え，経験がないことから手がつかなくなり，恐怖心に支配されることもあります。

しかし，あきらめる必要はありません。挑戦的な高い目標の達成には，プロジェクト体制を組んだ組織的活動が，非常に有効です。1人で悩むのではなく，仲間とともにアイデア出しをすることが重要です。

プロジェクトリーダーには，使命感が強く，目標の背景や根拠をよく理解している人を任命します。そうしたリーダーであれば，非常に高い目標にも，恐怖心を感じることなく，果敢に取り組むことができます。

企業業績を左右するような重要なプロジェクトでは，おのずと挑戦的な高い目標値が設定されることになります。

経験から言えば，高すぎると感じる目標値が設定されたとき，そうした目標が設定された背景を理解することでその必要性がわかるため，達成できるか否かは考えずに，まずはその高い目標値を受け入れます。その上で，達成するための施策や活動体制，メンバーが滞りなく活動できる手段や管理体制を整えます。達成施策や管理手段などは，各企業に合ったやり方があります。自分の会社に合ったやり方ができれば，最大の原価低減効果が得られます。

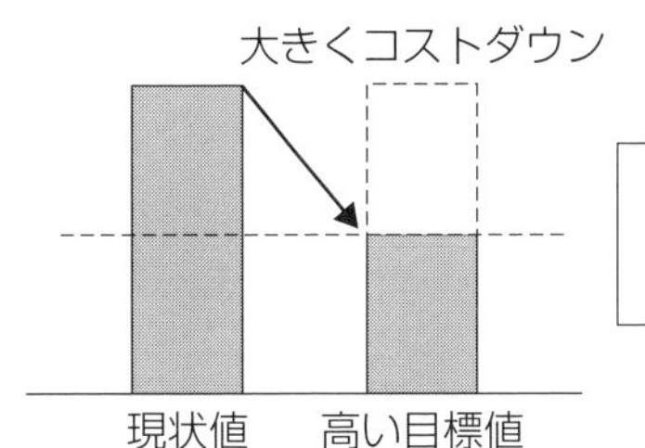

挑戦的な高い目標に取り組むには，プロジェクト体制が有効

Q32 原価企画・改善リーダーの７つの留意点

原価企画・改善活動において，経営者やリーダーが心がけておくべきことは何ですか？

A

原価に取り組む活動は面白くないなと思う人も多いのではないでしょうか？「なくす」，「減らす」，「ムダを省く」，「変える」などの後ろ向きと思われがちな原価に取り組む活動よりも，新しいものを生み出す活動の方が，好奇心がわき，楽しく感じることが多いかもしれません。

また，変えることのリスクより変えないことの安定を好む人や，原価に取り組む活動は言われればやるが，言われなければ目の前の仕事を優先して，進んではやらない人もいます。

このように，経営者やリーダーは，第１に，多くの人は原価に取り組む活動には前向きではないかもしれないことを理解する必要があります。仕事だからやりなさいでは，ヒトはついてきません。

第２に，活動メンバーの適性に応じて，公平に，活動の機会を与えることが重要です。活動メンバーに，自分だけが大変なのではないか，不公平だ，納得できないと思われていたのでは，素晴らしいアイデアが生まれることも，努力を引き出すこともできません。

第３に，漠然とコストダウンを叫ぶのではなく，コストダウンに取り組む対象（費目・機能）を明確にします。ムリ・ムダな努力を強いるのではなく，事前の分析から改善できそうな部分に狙いを定め，効率・効果的に力を注いでもらう必要があります。

第４に，経営者やリーダーは，適度に挑戦的な高い目標を設定することも大切です。十分な努力もせずに簡単に結果が出てしまう目標では，楽しさや達成感を味わうことはできません。挑戦的な高い目標に向かって，皆がまとまって知恵を出しながら取り組むほど，活動プロセスの楽しさや結果に対する感動を味わうことができます。しかし，達成が困難すぎる目標は，活動メンバーがやる気をなくしてしまうので，注意が必要です。

第５に，「この活動の背景と目的は何か，それが達成された時に，何がどのように変わるのか」を，明確に説明することも重要です。訳もわからずにやらされる仕事に，意欲がわくはずはありません。企業の置かれた状況や目標の設定根拠，対象商品に期待される原価低減効果，改善による職場環境の向上などについて説明することで，活動メンバー自身にとって重要な業務として，コストダウン活動を認識してもらう努力を惜しんではいけません。

第６に，原価に取り組む活動は個人の活動ではなく，チームとして活動することも重要です。異なる機能部門の活動メンバーが協力して活動することで，個人での活動より大きな効果が期待できます。

第７に，活動メンバーがまとまって活動している場面を多く設定できれば，連帯感が生まれ，達成意欲が出てきて，楽しいと思える時間も増えてきます。リーダーは活動メンバーとの積極的なコミュニケーションを心がけましょう。その際の注意点として，出てきたアイデアに対して，「できない，ムリだ，難しい」とは言わずに，できるためのやり方について，皆でアイデアを出し合い，コストダウンの知恵を集めるように心がけましょう。

● 楽しくコストダウン活動に取り組んでもらうためのリーダーの７つの留意点 ●

1．活動メンバーのコストダウン活動への先入観の理解
2．活動メンバー全員の適性に応じた平等な参加機会の提供
3．コストダウンに取り組む対象（費目・機能）の明確化
4．挑戦的な高い目標の設定
5．活動メンバーへの活動目的と目標達成による効果・変化の明確な説明
6．異なる機能部門の活動メンバーによるチーム編成
7．活動メンバーによるワイガヤを通じたさまざまな知恵の出し合い

Column・10　原価改善活動は，地球を救う

原価改善活動は，同時に，二酸化炭素（CO_2）を削減する環境にやさしい活動につながります。

世界各地で甚大な被害をもたらしている異常気象の原因が，地球温暖化だと言われています。地球温暖化により，氷河や氷床が溶け出し，21世紀末には，日本で１mの海面上昇，砂浜の９割以上が失われるとも予測されています。

地球温暖化は，温室効果ガスが，地表からの放熱を吸収し，大気を温めることで生じます。温室効果ガスの大部分（約93%）を二酸化炭素が占めるため，その排出量を減らすことが重要になります。

二酸化炭素の排出量削減には，火力発電やガソリン自動車などで使われる化石燃料（石炭，石油，天然ガスなど）だけでなく，石油由来の原料を燃やして作られるプラスチック，製造過程で大量の石炭を燃やす鉄鋼材料の使用量を減らすことでも貢献できます。

つまり，企業活動の中で，原価改善のために，プラスチックや鉄鋼材料の使用量を減らすことが，二酸化炭素の排出量削減につながり，地球温暖化防止に役立つのです。

もちろん，すべての原価改善活動が，二酸化炭素の排出量削減につながるわけではありませんが，原価改善が地球環境にもやさしい活動であることを理解して，企業利益に貢献する原価改善活動を推進しましょう。

第5章

目標原価達成の阻害要因とその対策

Q33 目標原価の達成を妨げる７つの問題点

目標原価をなかなか達成できません。
何が問題なのでしょうか？

A

企業の経営者や原価管理担当マネジャーから，「目標原価をなかなか達成できません。設定した目標原価を達成する方法を教えてくれませんか？」といった質問をいただくことがあります。

まず，目標原価（＝原価目標×生産量）の達成は，以下のような企業目的のために重要であることを認識する必要があります。

① 企業成長のために，年度計画どおりの利益を獲得すること
② 競合企業に勝ち，商品の販売量を計画どおりに売り上げ，シェアを伸ばすこと
③ 顧客要求に応え，継続的に取引を獲得すること

次に，目標原価を達成する方法は，企業の経営者や経営企画，財務，原価管理部門のリーダー達にとっての共通の課題です。原価管理責任者は，目標原価の達成活動のさまざまな段階，場面で生じる問題に対応していかなくてはなりません。

そこで，これまでの経験から，目標原価の達成活動を妨げる７つの問題点を挙げ，その対策についても説明します（➡ Q&A 34から39）。

●目標原価の達成を妨げる７つの問題点●

(1)　【目標設定・展開・変更への不信】

活動メンバーが目標値を納得していない。

曖昧な設定条件のもとで目標設定したことで，目標変更が生じ，活動メンバーが不信感をもつ。

(2)　【開発の節目管理の不徹底】

レビュー会での達成判断の基準が明確でない。

(3)　【不明な現状原価と原価見積への不信】

原価管理責任者が，原価を把握できていない。

設計図面の原価見積ができない。見積原価が信頼できない。

(4)　【経営者の乏しい原価意識・原価管理責任者の熱意不足】

原価に対する経営者の関心や理解が乏しい。

原価管理責任者が，熱意を持って行動していない。

(5)　【目標未達の言い訳】

市況変動や社内基準の厳守，予想外の原価上昇を，目標未達の言い訳にする。

(6)　【商品企画前の取り組みの不備】

商品開発の企画前に，原価を大幅に削減するための取り組みがない。

(7)　【協業活動の不徹底】

開発部門と，生産・調達部門や取引先との協業活動ができていない。

実際には，さまざまな問題が複合的に発生することもあるので，状況や結果をよく観察して対応する必要があります。

Q34 目標原価の達成を妨げる問題点と対策（1）

目標原価の設定・展開・変更における問題点は何ですか？
また，どのような対策を講じればよいでしょうか？

A

問題点1-1 目標設定・展開への不信：活動メンバーが目標値を納得していない。

目標達成ができない時に，「目標値が厳しすぎる」，「活動期間が短かすぎる」などの声をよく聞きます。このように，目標の設定・展開に，活動メンバーの納得が得られないと，次のような問題が発生します。

● 活動メンバーの目標設定への不信が招く問題 ●

① 活動メンバー間で，目標の捉え方が異なり，達成度合いにも差が出る。
② 活動メンバーの当事者意識が薄く，原価目標を無視する。
③ 活動メンバーが，ほかのメンバーや他部門と協業した活動をおこなわない。
④ 活動メンバーが，目標未達時の抜け道を用意してしまう。
⑤ 活動メンバーが，目標未達時に，他人の責任に転嫁してしまう。

問題点1-1への対策

目標値は，設定根拠と達成時期を明確にして設定することが重要です。開発責任者や原価管理責任者が目標設定し，活動メンバーや関連部門に，必ず，根拠を含めて説明して，目標値を納得してもらえるように努めます。十分に説明しても納得を得られない時には，より上位の責任者からトップダウンで目標展開することを検討してもよいでしょう。また，目標原価達成活動を支える仕組みを事前に組織化・ルール化し，確実にマネジメントするように努めてください。

問題点1－2　目標変更への不信：曖昧な設定条件のもとで目標設定したことで，目標変更が生じ，活動メンバーが不信感をもつ。

目標原価の設定に際して，前提条件を決めておく必要があります。前提条件とは，対象となる商品構成，要求仕様，目標達成時期（生産開始や販売開始時期など），為替条件，生産条件，生産量，出荷・受渡条件などです。

この中で，目標設定後に問題が多発するのは，顧客や企画部門からの要求による仕様の変更・追加です。その際に，コスト変動が生じなければよいのですが，新機能を追加して大きなコストアップが発生する場合には，商品の目標原価を変更せざるを得ず，採算性の再検証が必要となります。

加えて，すでに各開発活動機能（開発・調達・生産・原価管理メンバーによる機能横断的活動チーム）に割り付けている原価目標を変更する必要が出てきます。追加機能に対する原価の再配分額が，開発活動機能にとって少ないと感じると，もめる原因となり，なかなか配分決定ができません。場合によっては，目標達成時期まで解決しないこともあり，そうなると，原価管理責任者への不信感も生じてしまいます。また，目標変更により一部の活動メンバーへの負荷が重くなってしまうと，目標値を守らない口実を与えることにもなります。

問題点1－2への対策

目標原価（＝原価目標×生産量）の設定時に，前提条件を明確にして，企画や関連部門と確認，合意しましょう。

●目標原価の設定条件（例）●

- 商品構成，要求仕様
- 目標達成時期
- 生産条件，生産量（台数）
- 為替条件
- 出荷・受渡条件

など

Q35 目標原価の達成を妨げる問題点と対策（2）

開発の節目管理（マイルストーン管理）における問題点は何ですか？　また，どのような対策を講じればよいでしょうか？

A

問題点2　開発の節目管理の不徹底：レビュー会での達成判断の基準が明確でない。

開発段階における節目で，ビジネスレビュー（目標利益の達成可能性など採算性を評価），コストレビュー（原価目標の達成可能性を見積原価にもとづき評価），デザインレビュー（技術・品質・環境・安全等を総合的に評価）などの会議体を設け，開発責任者と関係者間で達成状況の確認，課題や対応策の共有をおこないます。

こうしたレビュー会での目標原価達成の判断基準が明確でないと，次のような問題が生じます。

● レビュー会での達成判断基準が明確でない時の具体的な問題 ●

① 節目管理（レビュー会の開催）をしていない。
また，開催していても，節目管理の方法が不明確である。

② 目標設定条件に合わせたコスト評価をしていないため，達成値が目標値と比較できない。

③ 判断基準が明確でないため，活動メンバーが達成する必要性を感じていない。

④ 活動メンバーの納期を守る意識が低い。

問題点２への対策

レビュー会での目標原価の明確な達成判断基準を設定し，達成状況，課題，対応策を明確にして，適切な管理を実施します（**図表Ⅱ－４**）。

［図表Ⅱ－４］　開発段階の節目管理

開発企画	基本・量産設計	生産準備	製　造
（節目管理）	△ レビュー会① ・原価達成値① ・達成判断基準①	△ レビュー会② ・原価達成値② ・達成判断基準②	△ レビュー会③ ・原価達成値③ ・達成判断基準③

達成判断基準は，各節目での達成すべき値と達成許容率を設定しますが，運用にも注意が必要です。柔軟に運用できればよいのですが，設定した達成許容率を厳格に運用すると，わずかな目標値のオーバーでも開発を止めることになります。開発途中で，達成許容率を多少オーバーしていながら次の段階に進めても，製造段階までに目標値を達成できることはあります。

また，販売の機会損失を考えると，原価の達成許容率だけで開発の中止を判断するべきではありません。達成許容率はあくまでも目安であって，それよりも，その節目時点で，目標達成見通し値とその根拠（達成見通し値を裏付ける数値を使った証拠，担当者，納期）の両方が明確になっていることの方が重要です。

つまり，目標達成見通し値とその根拠を明確にして，レビュー会で議長からの承認を得ることで，達成判断とします。これであれば，数値を厳格に適用することによる損失（開発中止や開発のやり直しによる投資のムダなど）よりも，理解を得やすいと思います。

Q36 目標原価の達成を妨げる問題点と対策（3）

原価の把握・見積における問題点は何ですか？
また，どのような対策を講じればよいでしょうか？

A

問題点3－1 不明な現状原価：原価管理責任者が，原価を把握できていない。

商品開発や原価管理の責任者が，開発プロセスの原価達成状況を把握できていないと，目標達成活動はできません。たとえ活動を実践したとしても，闇雲にコストダウン活動を続けることが，目的化してしまいます。

問題点3－1への対策

原価管理責任者は，原価の変動（アップ／ダウン）を加味して，定期的に原価状況（**図表Ⅱ－5**の「現状値」）を把握し，現状値が目標値に対して未達であれば，今後の改善計画を立て，目標達成見通し（**図表Ⅱ－5**の「達成見通し値」）を明確にします。こうした情報は，開発メンバーと共有し，原価作り込みのためのPDCA（Plan-Do-Check-Action）サイクルを回します。

［図表Ⅱ－5］ 目標達成に向けたPDCA管理

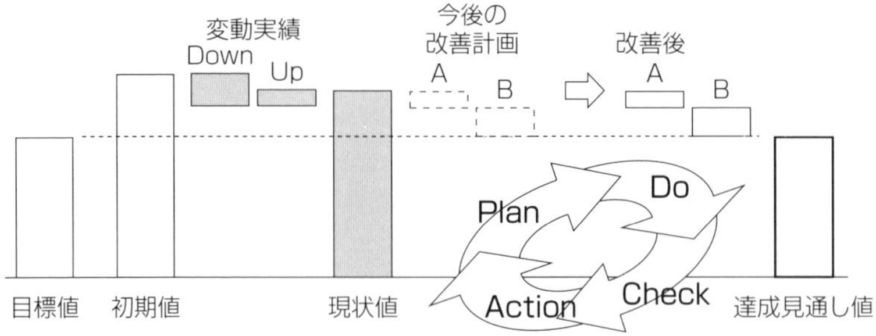

変動実績
Down
Up
今後の
改善計画
A
B
改善後
A
B
Plan
Do
Check
Action
目標値
初期値
現状値
達成見通し値

また，節目管理（マイルストーン管理）をおこない（➡ **Q&A 25, 42**），節目ごとに，この一連の活動と原価情報を経営者や開発責任者に報告し，経営判断を仰ぎます。

問題点３－２　不明な現状原価：設計図面の原価見積ができない。

開発段階で，原価の現状値を把握するためには，設計者が描いた図面の原価見積が必要になります。

これができなければ，部品製造を委託する取引先に見積依頼をして，原価見積値を入手するまで，いくらでできるのかが，わからないことになります。開発・設計の期間は時間的余裕が乏しいため，原価見積値を入手できた時に想定を超える見積値であると，すでに開発活動が進んでしまっていて，後戻りできない事態になります。

問題点３－２への対策

設計図面から原価を見積もる方法は，以下の３つの方法があります。その中でも，タイムリーに現状値を把握するには，①設計者または社内の原価見積担当者が見積もるのがよいでしょう（➡ **Q&A 48**）。

● 原価見積の３つの方法 ●

① 設計者または社内の原価見積担当者による原価見積
（CAD（Computer Aided Design）を使った原価見積を含む）
② コストテーブルによる原価見積
③ 製造委託する取引先から入手する調達見積

理想的には，設計者への原価見積教育を実施し，設計者自身が原価見積をした上で調達メンバーと目標原価の達成活動ができるような原価の専門家になることです。そうでなくても，設計者自身が原価見積をできれば，自分の設計の原価レベルがわかるので，タイムリーな対応が可能になります。

現実には，設計者が原価の専門家になるのは容易ではありません。その場合には，設計者への原価見積教育を実施し，原価管理活動の重要性を啓発しながら，原価見積を専任でおこなう担当者を配置してサポートします。

または，CADの見積ソフトを活用した原価見積にするのもよいでしょう。そして，コストテーブルを用意して原価見積ができれば，見積時のバラツキも抑えることができます。

いずれにしても，短期間の開発活動の中で，確実に目標原価を達成するためには，設計図面の原価をタイムリーに見積できることが重要です。

問題点３－３　原価見積への不信：見積原価が信頼できない。

原価見積のもう１つの問題として，見積原価が信頼できないという声も聞きます。つまり，設計見積の原価は低く，調達見積（取引先見積）の原価は高いというものです。

設計者による見積では，自分で設計した部品図面の原価は，低コストで設計できているという自負があり，自然と見積原価は低めになる傾向があります。

一方，製造委託先による調達見積は，取引先の受注戦略や製造環境などの影響を受けます。例えば，受注したいために戦略的判断で思い切った低めの原価見積を提示してきたり，逆に，取引先に設計部品の形状に適した製造設備がない場合などは，見積原価は高くなります。

このような理由から，設計見積と調達見積を比較すれば，差異が大きくなることもあり，信頼できないという反応になることも，しばしばあります。

問題点３－３への対策

この問題の解決は容易ではありませんが，対策としては，次のような方法があります。

● 見積原価の不信への対策 ●

①　コストテーブル（見積基準）による見積原価の検証
②　開発・設計部門での設計見積と，生産部門による原価見積との照合
③　設計者による原価見積をやめ，原価見積専任者の配置

対策①は，コストテーブル（見積基準）による見積原価の検証です。コストテーブルを用いて，自社の標準的な見積基準と照らして，見積原価を検証します。見積原価のバラツキは最も少なくなりますが，あらかじめコストテーブルを用意したり，コストテーブルを作成する仕組みを整備するなど，多くの経営資源の投入が必要になります。

対策②は，開発・設計部門での設計見積に対して，生産部門でも原価見積ができる担当者を配置し，お互いの見積原価を照合し，不一致点を整合します。

対策③は，設計者による原価見積をやめて，原価見積専任者を配置することで，調達見積との原価差異を少なくします。しかし，設計者が原価見積をすることでできるQCD（Quality, Cost, Delivery）のバランスを取った商品開発ができなくなるデメリットがあります。

対策②と③は，新たな人の配置と教育が必要です。そのため，短期的な対策ではなく，将来を見据えた対応と言えます。

Q37 目標原価の達成を妨げる問題点と対策（4）

経営者と原価管理責任者の意識・行動における問題点は何ですか？　また，どのような対策を講じればよいでしょうか？

A

問題点4－1 経営者の乏しい原価意識：原価に対する経営者の関心や理解が乏しい。

経営者の原価に対する関心度合いは，原価管理活動の成否に大きな影響をもたらします。目標原価達成活動は，経営者のトップダウンで進める方が，迅速・確実に実施できます。経営者の原価に対する関心や理解が乏しいと，従業員を先導することができません。

問題点4－1への対策

経営者や開発責任者は，目標原価達成のため，開発活動の各節目において，目標値の達成状況と達成の見通しを確認し，対応を指示します。目標原価を部門・個人に展開する時は，原価管理の担当役員自らが，目標値を担当マネジャーや活動メンバーに説明することで，納得が得やすくなります。

また，普段から，経営者が原価管理活動に興味を示し，担当マネジャーや活動メンバーとコミュニケーションをとることで，目標達成の確度が高まります。

加えて，経営における原価管理の重要性が高まれば，より強固な原価管理体制を構築して，活動を進められるようになり，さらなる原価競争力を獲得することにつながります。

問題点４－２　原価管理責任者の熱意不足：原価管理責任者が，熱意を持って行動していない。

原価管理責任者であっても，原価管理活動に対して，マイナスイメージを持ち，どちらかというとやりたくないと言う人がいます。時には，利益計画を無視して，容易に達成できそうな目標原価を設定したりします。

原価管理責任者がそのような考え方では，開発メンバーも，目標原価達成活動がおろそかになり，機能や品質を優先した開発活動になってしまいます。

その結果，目標利益が確保できず，製造段階での原価改善活動に期待するか，十分な利益が出ない状態で販売（もしくは販売中止）することになります。

問題点４－２への対策

筆者自身も，原価管理活動を始める前は，品質管理活動の方が前向きで面白いと感じ，あえて原価管理活動には手を出さないようにしていました。

しかし，目標原価の達成が難しいと思われた商品開発を担当し，原価管理の仕組みを知り，実践してみると，原価管理活動により企業利益が拡大することの方が理論的であり，わかりやすく，面白くなってきました。さらに，自分で仕掛けた活動による成果が見えてくると，さらに面白く活動ができるようになりました。

原価管理責任者の役割は大きく，人選が非常に重要になります。原価管理は，熱意を持ち，しつこいと思われるぐらいの人がリードする方がうまくいきます。原価管理責任者の使命感と執念に近い活動が，いろいろなアイデアを生み，さらに活動メンバーを引き連れて前に進む突進力が生まれ，目標達成の確度を大きく高めます。

原価管理責任者は，自身の経験から，その時点でベストだと思われる活動や施策を積極的に仕掛けましょう。

Q38 目標原価の達成を妨げる問題点と対策（5）

目標未達の言い訳にはどのようなものがありますか？
また，どのような対策を講じればよいでしょうか？

A

問題点5－1 目標未達の言い訳（管理不能要因）：市況変動や社内基準の厳守を，目標未達の言い訳にする。

問題点5－1への対策

コストアップをもたらす外的要因には，原材料市況や為替の変動などがあります。

まず，原材料費などの市況変動への対策は，原価企画の計画段階において，製造開始時点での変動額を推定し，その額を含めて目標達成活動を実施します。

具体的には，部材（例：プラスチック部品や板金部品）の価格変動額の予測は，製造工程，原材料（石油や鉄鉱石など）の価格変動の推移，経済活動状況などを調査し，価格変動額を予測します。

次に，原価低減アイデアが，設計や製造，調達などの社内基準に反する場合の対策です。基準に反すると，すぐにあきらめて，目標達成できないと正当化していませんか。

社内基準は，設定からの時間が経過しているにもかかわらず見直しが進んでいない，部門間で基準レベルに不整合が生じている，競合製品を調査すると自社基準ほど厳しくないことなどが見つかります。そうした場合には，現状の基準レベルを厳守する必要があるのかを，上司と検討してみてください。

もちろん，法令や業界基準，B to B企業では顧客との契約における基準は，遵守しなくてはなりません。新技術の開発などにより形骸化してしまっている基準であっても，きちんと手順を踏んで，見直しを働きかけ，違反行為とならないように細心の注意が必要です。

問題点５－２　目標未達の言い訳（内的要因によるコストアップ）：予想外の原価上昇を，目標未達の言い訳にする。

原価は，何も管理しなければ，自然と上がっていきます。開発途中に発生する原価上昇をもたらす内的要因の一例を挙げておきましょう。

● コストアップをもたらす内的要因 ●

・品質不良や保守・安全・環境対応などへの対応
・設計初期の仕様詰めの甘さに起因する設計変更
・部品表（BOM：Bill of Materials）に含まれる構成体情報の構成ミス　など

問題点５－２への対策

まず，開発・設計プロセスを明確にし，決められた手順に従い，業務活動をすることが基本となります。

次に，開発商品に必要な部品の構成や部品名・部番（部品番号）・使用個数などをもれなく記載した構成体情報リストを作り，さらに設計図面から予測（見積評価）したコスト情報を書き加えることで，コスト付き構成体情報リストが完成します。これで，開発商品の原価が正しく算出できます。

十分に準備したつもりでも，トラブルは発生してしまうものなので，トラブルによるコスト変動を計画的に抑える仕組みを使って，コスト変動を抑制します（➡ Q&A 51）。

Q39 目標原価の達成を妨げる問題点と対策（6）（7）

商品企画前の取り組みの不備と協業活動の不徹底とはどのような問題ですか？

また，どのような対策を講じればよいでしょうか？

A

問題点6 商品企画前の取り組みの不備：商品開発の企画前に，原価を大幅に削減するための取り組みがない。

問題点6への対策

とりわけ挑戦的な目標原価の達成活動においては，商品企画や受注活動よりも前に，市場・競合や技術（特許）動向などを調査・分析しておき，原価を大幅に削減できる施策を用意しておくことが重要です。

例えば，商品企画以前に，技術開発活動期間を設け，原価低減技術をしっかりと検討したり，原価低減アイデアを数多く用意するために，定期的にVE（Value Engineering）検討会を実施したりします。こうすることで，活動メンバーが，日常的に，目標原価を達成する原価低減アイデアを考える癖がついてきて，組織の体質改善にもつながります。

問題点7 協業活動の不徹底：開発部門と，生産・調達部門や取引先との協業活動ができていない。

開発，生産，調達の各機能部門は，個別に原価低減活動をおこなうことはもちろんのこと，部門間の協業活動も重要です。とりわけ，開発段階での目標原価達成活動において，部門間協業を早い段階から積極的に実施できれば，多くの原価低減アイデアが生み出され，早い段階で目標原価を達成することが可能になります。

部門間や取引先との協業活動が進まない理由を例示してみましょう。

部門間協業

・各部門や担当者の仕事の優先順位が合わず，活動ができない。
・他部門と協業する目標原価達成活動を担当業務と思っていない。
・自分の守備範囲を決めてしまい，その中だけで活動をする。

取引先との協業

・取引先から，自社にメリットがない，または協業できる余力がないために，協力できないと断られる。

問題点７への対策

活動する責任者（リーダー）と関連部門から参画する担当メンバーを選抜し，活動チームごとの目標原価値を明確にしたコンカレント活動体制を構築することで，活動が実施しやすくなります。

同時に，上長は，こうした協業活動を各メンバーの業務として，しっかりと割り付けて，評価対象とすることも重要です。

取引先に対しては，調達部門の責任者が活動前に，活動目的や活動体制，原価低減メリットなどをしっかりと説明する必要があります。

一方，取引先の中には，間接費を極力削減し，徹底した低コストで取引するために，協業活動に積極的ではない取引先もあります。どの取引先を選択するのかは，技術力やコスト力，対応力，自社の調達戦略なども考慮して総合的に判断します。

Column・11　原価企画活動のジレンマ

原価企画活動は，原価低減に留まらず，品質，納期，機能などの複数目標の達成を目指す総合的利益活動となることを期待されていますが，同時に，原価企画だから生じる逆機能やその他の組織的活動にも共通するいくつかのジレンマを抱えています。

代表的なものとして，原価企画活動を支援する組織的体制の不備によるものがあります。例えば，サプライヤー企業に値下げ要求をするだけになってしまっては，サプライヤー企業は疲弊してしまいます。設計者も，原価だけでなく，品質や機能，納期などの複数の要求に追われており，3D-CAD（Computer Aided Design）と原価見積の連動，VE（Value Engineering）事例の提供などの支援を充実させ，設計者の負担軽減に努める必要があります。

一方，支援する組織的体制が充実していても，うまくいかないことはあります。設計者が，設計支援技法や過去の設計事例に依存しすぎて，本来の創造的思考を置き去りにしたり，原価企画活動の目標設定から外れた原価項目を軽視するといったことも起こります。

また，原価企画は日本企業が生み出した競争優位の源泉の１つですが，グローバル化に伴う開発拠点の海外展開に伴い，原価企画の海外移転も必要となります。しかしながら，日本的経営システムと密接に関わり形成されてきた経営システムの移転には困難がつきまといます。本来であれば，現地での優れた実践を取り入れながら，日本的な原価企画をグローバルに通用する原価企画へ発展させる好機ですので，積極的な取り組みが期待されます。

価格競争の不要な革新的な商品やサービスを世に出し続けることができれば，原価企画やコストダウンは必要ないのかもしれません。しかしながら，ビジネスは，そうはうまくいきません。何らかの競合がある以上は，原価企画能力を高めるほかありません。ただし，組織の一部に負担が集中することのないように，組織全員の原価意識を高める全員参加型の経営が求められます。

第Ⅲ部
富士ゼロックスの原価企画

Q40 富士ゼロックスの会社概要と原価企画確立の背景

会社概要と原価企画導入に至る背景はどのようなものでしょうか？

A

(1) 会社概要と複写機市場

富士ゼロックスは，1962年に富士写真フイルム株式会社（当時）とランクゼロックス株式会社（当時）との合弁企業として設立され，ゼログラフィー技術を使った複写機事業を開始し，それ以降，複合機や小型プリンター，印刷市場向けプリンティングシステム等の商品を開発・製造・販売する事業をおこなっています。

複写機市場は技術革新が盛んで，商品はアナログからデジタル化，カラー化も進み，販売価格の継続的下落も激しい市場となっています。また最近では，市場が成熟する中で，新商品を出しても競合との差別化のための機能追加にもかかわらず価格が下落するということが起きています。そのため，原価企画や原価改善を確実に実行できる原価体質が必要となっています。

(2) 1990年代の取り組み

富士ゼロックスの原価企画活動は1980年代後半には実施されていましたが，開発部門が中心で，開発責任者が目標設定・達成企画を立案し，設計機能の担当長を達成責任者としたものでした。コストテーブルにより部品の原価見積を実施する機能も開発部門内にありました。しかし，目標値設定方法において統一された考えはなく，部品の原価見積は主要購入部品でもコストテーブルがないため見積ができない部品があったり，手作業のため時間がかかっていました。また，目標達成管理も開発段階から製造段階までを通した活動ができていませんでした。

1990年代前半に，新商品予算原価の大幅未達により原価差損が発生しました。この差損が発生した原因を，経営トップから課長級のマネジメントまでが議論し，商品開発活動における５つの原価管理の仕組み上の問題点（①原価管理体制，②目標設定・展開，③目標達成管理，④予算編成，⑤インフラ整備）が抽出されました。

第Ⅲ部の主題のひとつである③目標達成管理については詳述し，その他の①②④⑤の問題点については簡単に説明しておきます。

①　原価管理体制

開発部門が中心となって初期設計段階から原価企画活動を開始するものの，その後，開発が進み出図（製造に必要な図面を発行すること）され試作評価段階になるとトラブルが多発し品質管理活動中心となってしまい，タイムリーにコストを捉えることができなくなっていました。また，コストを捉えても，各部品で捉えた時期が異なる等の理由により，その値が正しいのかが判断できないこともありました。

②　目標設定・展開

原価目標設定において，その設定根拠に乏しく，達成しなければならない明確な理由がなく設定されていたため，開発活動を実施する各機能（開発・生産・調達）部門間で，目標の合意形成がなされていませんでした。加えて，この目標に対して，開発部門だけで原価企画活動をしており，生産・調達部門の活動が乏しかったと言えます。

③　目標達成管理

第１に，品質トラブルが多発し，この対策のための図面変更に対してコストまで捉えられなくなっていました。そうした設計変更の多発により，原価見積が追いつかず，変更したコストの管理ができなくなったり，納期と品質が優先されコスト意識が薄れていくことで，原価管理が不十分になっていきました。

さらに品質トラブルが頻発する場合には，生産を見越した対応策を検討した図面化までできない事態に陥ることがありました。この状態では，もはやコストを捉えること自体が難しく，原価管理はできなくなっていきました。

第２に，VA・VE（Value Analysis/Engineering）によるコストダウンメニューは捉えていましたが，コストアップメニューの管理は不十分でした。コストアップメニューには，品質不良や保守・安全・環境対応等のトラブルへの対応，初期設計時の仕様詰めの甘さに起因する仕様変更による設計変更，部品表（BOM：Bill of Materials）に含まれる構成体情報の構成ミスなどがあります。

第３に，図面の確立レベルが低い（量産品質が確保できない）状態で金型を起工してしまい，金型の修正や再起工のための追加コストが必要となる事態が多発していました。そのため，部品費だけでなく，金型費の原価管理が必要となっていました。

④　予算編成

原価企画を開発部門中心に実施していたため，新商品予算編成に際して開発部門以外には詳細がわからず，開発部門の言いなりの予算編成をしていました。

例えば，金型を使って製造する予定のトラブル対策部品で，実際には金型製作が間に合わずに試作品と同じような製造方法になってしまい，高コスト部品となっていましたが，見積原価の算出では金型製造した部品費となっているため，実績との乖離が発生していました。

⑤　インフラ整備

原価の計算は，経理部門や開発部門，調達部門といった複数部門で実施しており，その算出費目や方法も異なっていたため，算出結果に不整合が発生していました。

また，原価情報が開発から量産フェーズまでつながった原価管理システムになっていませんでした。

以上のような問題点に対して，対応策を実施し，仕組みを構築していきました。

第Ⅲ部では，次のQ&A以降，そうした富士ゼロックスの原価企画の実際の取り組みを紹介していきます。

●富士ゼロックスの原価企画の実際●

【第Ⅲ部の構成】

Q41 富士ゼロックスの原価企画の組織体制

原価企画の組織体制はどのようなものでしょうか？

A

開発商品のQCD（Quality, Cost, Delivery）責任者が，商品目標原価達成の責任者となります。開発商品のQCD責任者は，商品開発活動で，QCD目標達成責任，開発活動機能の目標設定，開発方針の策定，採用技術・機能・仕様の作り込みと判断を担っています。開発活動機能とは，開発・調達・生産・原価管理メンバーによる機能横断的活動チームのことです（**図表Ⅲ-1**）。

コストチームは，開発商品QCD責任者のもとに，開発・技術・調達・生産ならびに原価管理機能部門からメンバーが集められ，必要な時期に，海外拠点メンバーや取引先メンバーが入ることもあります。

開発活動機能は，約20の開発機能単位に分かれて設計をおこなうため，コストチームもこの開発機能単位ごとに編成され，目標値が細分割付されます。各開発活動機能では，開発・調達・生産・原価管理メンバーが連携して目標原価達成活動をおこないます。

コストチーム活動は，開発初期の商品企画フェーズから製造開始まで一貫して活動し，目標未達時には量産フェーズまで継続することもあります。

開発商品QCD責任者の上位に，開発商品において目標原価の上位目標であるビジネス採算性目標（QCD目標値にもとづく商品貢献利益など）の達成責任を負う商品開発の責任者が存在します。

また，商品のビジネス採算性目標達成のために，すべての開発目標値（性能仕様，商品原価，販売台数，品質，納期など）の達成活動を担う開発商品機能（企画機能・営業機能・品質機能・調達生産機能などから選出された代表者で構成）が

［図表Ⅲ-1］　コストチーム編成

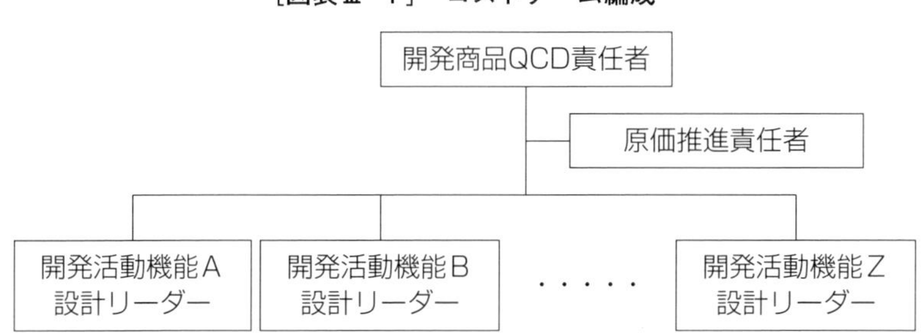

存在します。

原価管理機能部門は，原価企画における目標達成管理を推進する５つの機能を担っています。

① 利益計画を保証する中期原価計画の策定・推進，新商品製造原価の予算設定，量産製造時の原価改善推進と原価改善額の予算設定
② 技術・商品開発，調達・生産に関する原価ベンチマーク活動の統括
③ コストテーブルの策定・改訂，新商品や競合商品のコストテーブルによる評価・分析
④ 新商品の原価企画の策定と管理，原価目標達成活動の推進
⑤ VE（Value Engineering）活動の立案・実践（1990年代後半以降，具体的改善の実践は，各機能部門で実施）

原価管理機能部門から任命される原価推進責任者の設置が，富士ゼロックスの原価企画の１つの特徴であり，原価企画が定着した１つの要因でもあります。原価推進責任者は，原価目標達成のための主に４つの役割を担っています。

① 原価企画の立案（原価条件，原価目標案設定と細分割付，活動計画など）とコストチームの編成
② 原価目標達成活動の進捗管理
③ 商品製造原価の算出，開発フェーズ移行時のコストレビュー会での報告
④ コスト変動管理（開発期間中に発生するコスト変動のリスクを最小限に抑え

るための管理活動）の統括

このように，開発商品QCD責任者が目標達成責任を負い，原価推進責任者は原価目標達成活動を推進する責任を負っています。達成活動が進むにつれて，原価推進責任者の推進活動は減っていくものの，原価目標達成活動を推進するためにあらゆるサポートを実践します。開発商品QCD責任者と原価推進責任者の役割を例示すると，基本的には，「達成見通し値」（➡ Q&A 42）や差異の算出・確認は，原価推進責任者が実施し，開発商品QCD責任者は，それらを見て，目標達成の未達があれば詳細確認し，コストだけでなく，品質や納期の視点を含めて対策指示や関連部門への依頼などを実施します。

Column・12　原価企画活動の推進部門と責任者

ほかの会社ではどうでしょうか。実態調査の結果をいくつか紹介しましょう。

東証一部上場の電気機器，輸送用機器，機械・精密機械（機器），その他製造業の4業種を対象にした実態調査（2004年から2005年実施，有効回答135社）によると，原価企画推進部門は，導入当初は，事業（本）部内（34%），プロジェクトチームや委員会（32%），本社機構内（27%）組織で，その後，事業（本）部内（43%），本社機構内（34%），プロジェクトチーム・委員会（14%）組織へと変化しています（田中雅康・大槻晴海・井上善博，2007，「日本の主要企業の原価企画」『企業会計』第59巻第2号から第7号）。

つまり，原価企画活動の推進組織をどこに，どのように設定するのかは，各社各様です。

原価企画導入の中心部門についての別の調査（2011年9月と2012年8月に東証一・二部上場2,035社を対象）（回収数・率：187社・9.2%）では，商品企画部門（16.4%），開発部門（16.4%），設計部門（16.4%），生産技術部門（18.2%），経理部門（9.0%）と，結果はばらついています（高橋史安，2014，「製造業原価計算における「レレバンス・ロスト」の解明」『商学研究』第30号）。

つまり，各社の抱える問題に起因する原価企画の実施目的や，各部署の技量などによって，原価企画活動を推進する中心部署は異なることがわかります。

また，原価企画の責任者については，多い順に，原価企画部（課）長（25.9%），開発責任者（14.8%），商品企画責任者（13.0%），事業部長（14.8%），設計責任者（9.3%），経理責任者（7.4%）が担っています（高橋，2014，同上）。

原価企画の責任者を調査しているため，原価企画活動を推進する原価企画部（課）や経理部が挙がったのかもしれませんが，目標原価の責任ということであれば，これらのスタッフ部門ではなく，事業部長や商品企画，開発，設計責任者が担う必要があります。

Q42 富士ゼロックスの原価企画プロセス

原価企画プロセスはどのようなものでしょうか？

A

富士ゼロックスの原価企画プロセスは，開発フェーズに連動しておこなわれます（**図表Ⅲ-2**）。

［図表Ⅲ-2］ 富士ゼロックスの原価企画プロセス

開発フェーズ
事業計画
商品企画
製品企画
基本・量産設計
生産準備
量産
原価企画プロセス
事業計画
競合調査
商品化会議（QCD目標承認）
原価ベンチマーク
目標達成管理
コスト戦略
目標設定・割付
チーム編成
シナリオ策定
シナリオ具現化
コスト変動管理
原価見積・評価
コストレビュー会

△：商品化会議　⬠：コストレビュー会

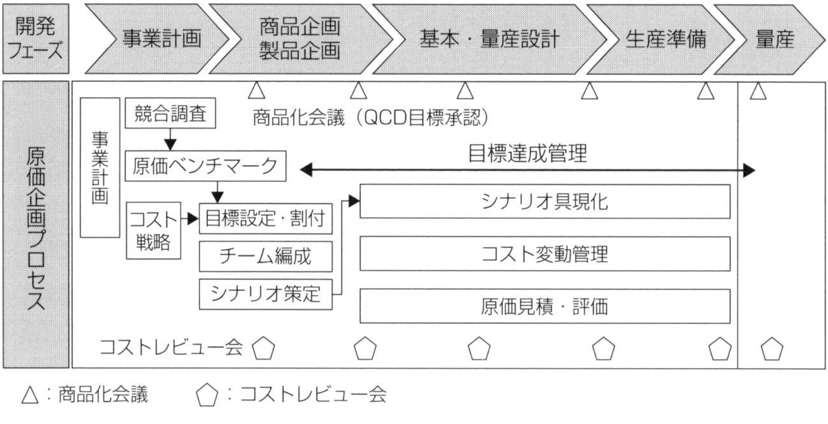

新規開発商品の商品企画は，導入年度・市場・主要仕様等を示した事業計画にもとづき開始され，ほぼ同時に原価企画活動も開始されます。その際に，競合機の技術情報，原価見積評価，設計指標値等を調査・分析する競合調査がおこなわれており，この競合機調査の結果や自社機データをもとに原価ベンチマークを実施します。また，粗利獲得に向け，新商品・現行商品の原価を改善し作り込むためのコスト戦略を策定します。これをもとに，目標設定（商品・

費目・開発機能別），シナリオ策定，シナリオ具現化・目標達成管理の順に実施されます。

目標達成管理の段階では，商品開発活動の中で仕様・機能の作り込みや各種の品質評価がなされ，それに伴いトラブルが発生します。このトラブルを解決するための対応策が取られますが，この対応策にはコストを変動させる変更が多く存在し，原価企画プロセスの中でこのコスト変動を正しく把握して対処することで，原価目標を達成することができます。

そのために，費目・開発機能ごとに目標値達成へのアプローチ計画や担当責任部門を明確にするシナリオ策定をおこない，策定したシナリオにもとづき，担当責任部門が達成のための刈り取り活動を実施・報告するシナリオ具現化・目標達成管理を実践していきます。

開発フェーズを移行するためには，開発役員（執行役員以上）を議長とする商品化会議に提案し，承認を得る必要があります。原価については，商品化会議に提案する前に，原価管理機能部門長を議長とするコストレビュー会に報告します。コストレビュー会では，開発活動機能間で，原価目標，「現状値」（目標原価達成活動による仕様・機能変更や改善を反映させた現時点での構成部品の商品見積原価），「今後の計画・責任担当」（目標達成までの施策と責任者），「達成見通し値」，ビジネス採算性を確認します。議長は，目標達成見通しや，開発活動機能による達成施策の実現可能性などから，商品化会議への上程を判断します。開発フェーズごとに，コストレビュー会や商品化会議への提案・承認事項も異なります。

(1)　商品企画フェーズ

商品企画フェーズでは，開発活動機能チームの編成，目標原価（＝原価目標×生産量）の設定・細分割付，シナリオ策定がおこなわれます。本フェーズの初期段階において，開発商品の位置付け，商品コンセプトやビジネス採算性，商品の特徴，機能・仕様目標などを設定します。同時に，原価管理に関しては，原価推進責任者が原価管理機能部門から任命され，「原価条件」（①商品構成や主要な機能・仕様，②為替レート条件，③生産台数や生産条件，④商品の受け渡し条件，⑤生産開始時期など）を決め，競合商品より優位な商品目標原価事前案を策定し，損益の見通しを確認します。この案にもとづき，原価推進責任者は，開発商品QCD（Quality, Cost, Delivery）責任者と詳細仕様を確認し，商品目標原価値案を策定，コストチームを編成します（**図表Ⅲ-1**）。

また，原価目標値を費目ごとに分解し，開発活動機能ごとに細分割付（機能別割付）し，目標展開します。各開発活動機能は，シナリオ策定活動をおこない，本フェーズのコストレビュー会において，原価企画書（原価条件，目標設定の考え方と商品目標値，目標値の位置付け（対前任機原価率比較，原価ベンチマークなど），達成シナリオと課題対応）を策定・提案し，承認を得ます。

さらに，ビジネス採算性を算出し，本フェーズの商品化会議に提案し，承認を得ます。

（2） 製品企画フェーズ

製品企画フェーズでは，商品企画フェーズの商品化会議で承認を得た費目別分解・機能別割付された原価目標値について，目標原価達成活動をおこないます。

各開発活動機能は，設計者が図面化前の改善施策を含めて原価見積評価をおこない，目標達成具合を確認しながら目標原価達成活動を進めます。設計者が見積に不安があれば，原価推進責任者が，原価管理機能部門の見積評価機能メンバーに指示し，コストテーブルによる見積でサポートします。

本フェーズが進むと，設計者は各種機能や仕様・改善などを入れ込んだ具体的な部品図を作成します。部品図にもとづき，原価管理機能部門の見積評価機能メンバーがコストテーブルによる原価見積をおこない，原価推進責任者は，目標達成具合を確認し，部品費や金型費の目標値設定をおこないます。

また，商品企画フェーズで提案した商品目標原価値に対する達成見通しの算出・確認をし，「達成見通し値」が目標値未達の場合は，差異を明確にします。

それを受けて，開発活動機能で，達成するための改善施策・手段をさらに検討し，施策を策定し，原価推進責任者が「達成見通し値」を算出します。これにより，商品企画フェーズの商品化会議で承認を得た商品目標原価値（正確にはQCD目標値）について，本フェーズのコストレビュー会と商品化会議で，目標達成をコミットメント（結果に対して責任をもって行動）する提案をおこない，承認を得ます。

また，開発活動機能は，開発商品の品質，原価，納期などの目標達成手段と課題について，デザインレビューを実施し，機能部門と協業して設計をおこないます。

目標原価達成のためには，目標が細分割付されシナリオ検討を開始した時から，ここまでの活動が重要になります。本フェーズのコストレビュー会と商品化会議までに目標原価の達成見通しがつけば，目標原価達成活動はほぼ成功していると言えます。

実際に，2004年から2008年頃の主要商品のうち，本フェーズまでに達成見通しをつけた商品で，最終的に目標未達になったものはありませんでした。

（3） 基本・量産設計フェーズ

基本・量産設計フェーズでは，製品企画フェーズの商品化会議でコミットした商品目標原価値の承認を得て，部品図の出図が開始されます。

出図後は，部品費や金型費の取引先見積をおこない，原価見積の精度を高めます。原価推進責任者は，各部品コストの取引先見積値で商品目標原価値の達成見通しを検証するとともに，金型費の投資額目標値の達成見通しを明確にします。また，開発活動機能は，商品目標原価値や投資額目標値を達成するために改善活動をおこない，コスト変動管理を実施し，原価推進責任者が，変動額を加味した「達成見通し値」を算出します。

原価推進責任者は，本フェーズのコストレビュー会と商品化会議で，改善活動による「現状値」と今後の計画を加味した「達成見通し値」を算出し，製品企画フェーズの商品化会議でコミットした商品目標原価値に対する達成状況を報告します。また，投資額目標値の達成をコミットメントする提案をし，承認を得ます。

開発活動は，本フェーズの終了までに設計品質（商品企画で目指した「ねらい」どおりに設計できているかどうかという品質）が確立することを目指しています。これと連動してコスト変動管理も継続し，原価推進責任者は，取引先見積（**➡ Q&A 48**）にもとづき，「現状値」と「達成見通し値」を算出し，商品別の商品原価と投資額全体の「達成見通し値」を算出し，本フェーズ終了のコストレビュー会と商品化会議に提案し，承認を得ます。

（4） 生産準備フェーズ

生産準備フェーズでは，基本・量産設計フェーズ終了のコストレビュー会と商品化会議で承認を得たことで，原価管理機能部門が，量産製造する商品ごとに標準原価（＝予算値）を予算設定します。新商品の標準原価は，基本・量産設計フェーズ終了の商品化会議に提案した商品原価現状値にもとづき，設定します。

本フェーズでは設計品質が確立しており，量産試作機での評価を実施します。量産製造を直前に控え，原価推進責任者は，コスト変動管理から出てきた変動額を加味した商品原価現状値が，商品目標原価値を達成していることを確認し，本フェーズ終了のコストレビュー会と商品化会議に提案します。

（5） 量産フェーズの初期段階

量産フェーズの初期段階（初期流動フェーズ：量産製造開始後３カ月～６カ月程度）は，目標達成管理の最終検証段階です。

量産製造開始後に算出される実際原価が，製品企画フェーズでコミットした「①商品目標原価値」と量産製造開始前の生産準備フェーズ終了のコストレビュー会と商品化会議で報告した「②達成見通し値」とに対して目標達成ができているのかを，原価推進責任者が目標設定時に決めた原価条件にもとづき評価し，開発商品QCD責任者に報告します。

また，基本・量産設計フェーズでコミットした投資額目標値についても同様に評価対象とします。富士ゼロックスでは，基本的には，月次で実際原価を把握し，製造品質が安定する3カ月目に，達成状況を最終評価します。

加えて，原価推進責任者は，生産準備フェーズ時に設定した「③標準原価」（実績の為替条件に合わせた予算値）と商品実際原価とを比較・評価し，開発商品QCD責任者に報告します。この時に「①商品目標原価値」の未達や「③標準原価」との差異があれば，原価推進責任者と開発商品QCD責任者が原因調査・分析をおこない，開発商品QCD責任者が責任機能部門に指示し，責任機能部門がその原因に対応する計画を立て，目標原価達成活動を継続します。

さらに，原価推進責任者は，目標設定はしていませんが，「④前任機の実績原価率（実際製造原価÷予定売価）」に対して，開発商品の原価率が同等以下であることを確認します。売上原価率が前任機より高い（売上総利益率が低い）と，商品寿命が短くなる傾向があり，改善要望が増えることが予想されるためです。

以上のような目標値や標準原価に対する実際原価比較と課題・対応を，本フェーズのコストレビュー会と商品化会議に提案し，新商品開発段階の目標達成管理は終了します。

Q43 富士ゼロックスの原価企画：目標設定と細分割付

原価企画における目標設定と細分割付の方法はどのようなものでしょうか？

A

商品目標原価値を設定した後，（1）商品企画フェーズにおいて，原価費目ごとに目標分解し，開発活動機能ごとに細分割付し，（2）製品企画フェーズにおいて，部品別に細分割付します。

（1） 原価目標値の費目別分解と機能別割付（商品企画フェーズ）

原価目標値を設定した後，まず，原価構成表（➡ Q&A 44，図表Ⅲ－3）を使って原価費目ごとに目標分解します。

費目別分解の方法は，開発商品の自社前任機（実際原価）や他社競合機の（テアダウンによる事前のコスト調査にもとづく）原価費目割合を参考にすることが多いです。費目別分解の際，将来のコストアップ変動の対策費用として，予備費（変動管理予備費）（➡ Q&A 50）を各費目目標値とは別に確保し，各開発活動機能に割り付けます。

次に，部品費や加工費，金型費などを開発活動機能ごとに細分割付します。その方法は，開発商品の前任機からの変更程度によって異なります。新技術・機能により開発・設計を大きく変更するフルモデルチェンジ機は，前任機を踏襲する設計は少ないため，商品全体の割付方法を考える必要があります。特に，新技術・新機能導入による各開発活動機能の原価への影響額を明確にする必要があります。一方，新技術・新機能の導入は少なく，設計変更で対応するマイナーモデルチェンジ機は，前任機の実績ベースで各開発活動機能に細分割付し，変更部分の原価額を加減します。

費目別分解や各開発活動機能への細分割付案は，原価推進責任者が作成します。この案にもとづき，開発商品QCD（Quality, Cost, Delivery）責任者は，新技術・新機能に伴う細分割付の調整をおこない，各開発活動機能に説明し，目標値を展開します。

その際には，各開発活動機能の納得を得るため，目標設定・割付ロジックが明確で，目標難易度を含めた公平性が保たれている必要があります。

一方，各開発活動機能への細分割付の調整・説明に時間をかけすぎると，目標原価達成活動のための時間が不足したり，開発活動機能メンバーの達成意欲を低下させてしまいます。

目標設定・機能別割付は，原価だけでなく物理指標についても合わせて実施することで，原価目標値の達成活動を促進することができます。物理指標には，重量，部品点数，ネジ点数，input/output本数（I/O本数：電気ハード設計で，センサー系，制御系，操作系などの回路の入力と出力場所を決めた総本数）などが使われます。これらの指標は原価と相関が強いため，設計者はこれらの物理指標を管理することで，原価感覚を持ち合わせていなくても，活動レベルの現状や課題の所在について，感覚的に把握しやすいと言えます。物理指標の割付方法は，各開発活動機能への原価目標の割付比率を用いて案分割付することが多いです。

（2）　原価目標値の部品別割付（製品企画フェーズ）

設計者が各種機能や仕様・改善などを入れ込んだ部品図を作成し，原価管理機能部門の見積評価機能メンバーが，コストテーブルによる見積をおこない，これにもとづき，原価推進責任者は，商品目標を達成するための部品やユニット（複数の部品で構成）の目標値を設定し，調達部門から取引先に目標展開します。この時期に商品目標値を達成できていることは少なく，これまでの活動や今後の活動によるコスト変動（アップ・ダウン）額情報，目標達成責任を負う開発商品QCD責任者の意志も含めた部品目標設定を，原価推進責任者は実施します。

ある失敗例を紹介しましょう。新市場での販売シェアの獲得を目指し，新製造拠点で革新的な原価改善を目指し，非常に厳しい目標原価設定をした戦略商品がありました。

各開発活動機能に原価目標を割り付けた後，各開発活動機能は原価目標達成活動を精力的に実施し，設計者は部品図を作成しました。原価管理機能部門の見積評価機能メンバーがこの部品図のコストテーブルによる見積を実施し，BOM（Bill of Materials）で積み上げたところ，部品目標値は未達でした。

しかし，原価推進責任者は，その差異（(各部品費目標値－ここまでの活動の各部品見積）の全体積上値）を各部品費から比率按分でマイナスし，各部品目標値を設定してしまいました。開発商品QCD責任者が十分に確認することなく，設定した部品目標値をそのまま取引先へ展開してしまったのです。そのため，材料費（部品費＝材料費＋加工費＋輸送梱包費＋取引先管理費＋取引先利益）もカバーできない目標設定だと，多くのクレームが出てしまいました。

前述したように，今後の活動によるコスト変動や，各部品の図面と取引先設備との整合性，取引先の原価改善力などを十分に加味して目標設定する必要がありました。

Column・13　原価企画活動の成功の秘訣

製造業の開発段階での原価管理活動は，削除したり削減したりする活動が多いことから，新しいものを発想する開発設計活動より面白くないと思われている方が多いのが実情です。

しかし，開発段階での原価管理活動は，商品開発の品質や納期管理と同様に，狙いの原価を達成する目標原価達成活動であり，この目標原価達成活動を効率的な仕組みを使って実行する原価企画活動は非常に有効な仕組みです。

原価企画活動は，本来，地道で愚直な行為を伴っています。各企業に合った原価企画・管理の仕組みを作り，PDCA（Plan-Do-Check-Action）サイクルを回すために，原価企画の仕組みを知り，達成する熱意を持った人が推進し，関連機能部門が連携することでうまくいきます。

また，経営者や原価企画・管理の統括マネジメントをする人が原価への関心が高いことも重要です。そして，原価企画・管理の仕組み作りは，目標を達成するための各社に合った確実で効率的な原価企画・管理の仕組みを確立させた上で，システム化を図ることで，より効率よく活動できる仕組みになります。このことにより，企業利益の最大化を図ることができるのです。

実務的な提言として，目標原価達成には，目標達成のための改善施策を創出でき，目標達成管理の仕組みを構築し，ルールに従って運用することが重要です。

Q44 富士ゼロックスの原価企画ツール（1）：原価構成表

原価企画活動ではどのようなツールが使われますか？

A

原価企画活動では，一般に，Q&A 21とQ&A 22で紹介したようなさまざまなツールが利用されます。ここでは，次のQ&A 45と合わせて，富士ゼロックスの特徴的な原価企画ツールを２つ紹介しておきます。

▶原価構成表（原価表）（商品企画フェーズから量産フェーズまで）

目標達成管理において，コストレビュー会で原価管理活動状況・結果を報告する際，原価構成表（**図表Ⅲ-3**）を用いて，**図表Ⅲ-4**に示す各費目の原価の「現状値」や「達成見通し値」を積み上げて算出します。

［図表Ⅲ-3］　原価構成表

原価構成費目	費目内容
部　品　費	購入品，内製品などの部品費
加　工　費	工場での（調整，検査を含む）組立費
間　接　費	調達，品質保証などの費用
完成機物流費	完成機の指定倉庫までの物流費
設計変更損失費	設計変更による部品廃却費
型　償　却　費	部品製造に必要な金型費や治具費
予　備　費	変動リスク費用（部品費・金型費・組立工数）
製造原価　合計	

原価構成表は，開発段階では，機能部門で算定したデータを使用し，量産製造段階では，グローバルに展開する取引先からの購入部品費の実際原価を計上し，実際原価構成表を作成します。

また，開発段階では予備費という項目がありますが，量産製造段階での実際原価では，部品費，型償却費，加工費（工数）に含めて算出するなど，構成費目の内訳が多少変更されます。

目標達成管理の最終段階において，実際原価の把握・検証時に不都合が生じないように，開発段階の原価構成表と量産製造段階の実際原価構成表とを一貫管理します。開発段階の原価構成表の管理は，原価管理機能部門が担い，原価推進責任者は原価構成表を使い，新商品製造原価を算出・報告します。

各構成費目の原価を把握する責任機能部門は開発フェーズごとに決められています。これは，開発商品や原価管理責任者によって算出方法が異なることや責任担当組織が不明確になることを防ぐためです。

Q45 富士ゼロックスの原価企画ツール（2）：目標達成見通しツインチャート

原価企画活動では，そのほかに，どのようなツールが使われますか？

A

原価企画活動では，一般に，Q&A 21とQ&A 22で紹介したようなさまざまなツールが利用されます。ここでは，前のQ&A 44に続き，富士ゼロックスの特徴的な原価企画ツールを紹介しておきます。

▶目標達成見通しツインチャート（商品・製品企画フェーズ）

目標原価達成活動の現状の見える化と目標達成見通し値の明確化のためのツールとして，「目標達成見通しツインチャート」があります（**図表Ⅲ-4**）。

開発フェーズごとの改善計画とその成果を見える化することで，目標達成管理を円滑に進めることができます。このチャートは，コストレビュー会や商品化会議で報告され，経営層や各機能の部門長が，計画や達成課題を確認・承認します。

商品企画フェーズでは，商品目標原価値に対して改善活動してきた成果の責任を明確化するために，開発活動機能別，施策別に整理し，原価を見積もり，現時点での原価状況を「現状値」として表します。

「現状値」は，これまでの活動による仕様・機能変更や改善を反映させた構成部品の原価見積をおこない，商品原価現状値に積み上げます。

さらに，今後の改善施策（A，B，C：誰が，いつまでに，何の活動により，いくら改善するのか）を計画し，商品企画フェーズ時点での「達成見通し値」を算出し，製品企画フェーズに引き継ぎます。

［図表Ⅲ-4］　目標達成見通しツインチャート

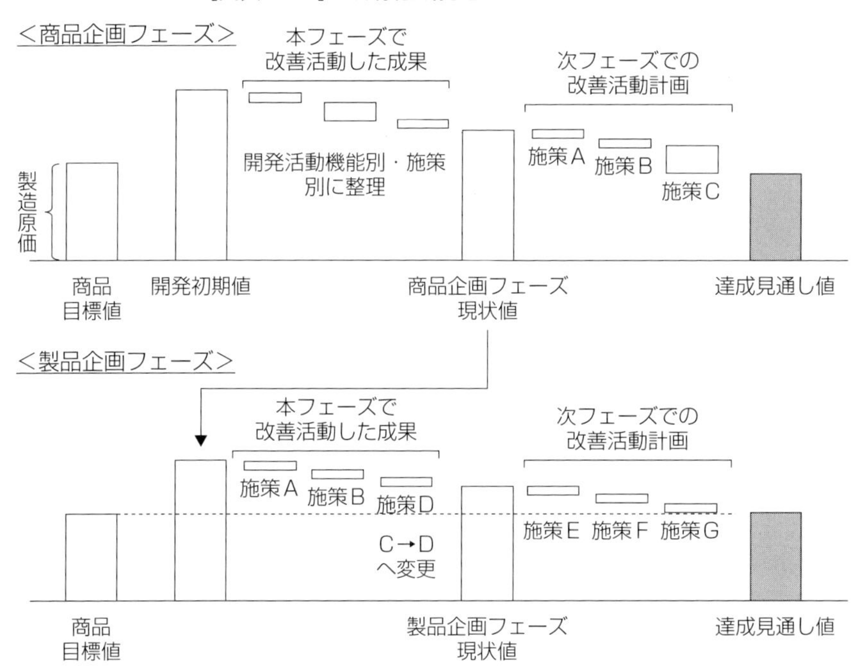

製品企画フェーズでは，引き継いだ改善施策A，B，Cの実施を計画しましたが，C施策はD施策に変更して改善活動を実施しました。

商品企画フェーズ同様に，ここまでの活動で「現状値」を算出し，さらなる改善施策（E，F，G）を計画し，製品企画フェーズ時点での「達成見通し値」を算出します。

Q46 富士ゼロックスの原価企画のPDCAサイクル

原価企画のPDCAサイクル・マネジメントとは，どのようなものでしょうか？

A

シナリオ策定・具現化，原価見積・評価（➡ Q&A 48）は，商品企画フェーズから生産準備フェーズの間で，基本的には，コストレビュー会や商品化会議ごとにPDCA（Plan-Do-Check-Action）サイクルを一度は回しています。

（1） シナリオ策定（商品企画フェーズ）

コストチームが編成され，費目や開発活動機能ごとの細分割付がなされると，開発活動機能ごとに目標達成に向けた達成シナリオを策定します。

まず，設計者が，商品に要求される仕様・機能の開発初期値（現状で生産したら，いくらになるか）を算出します。

次に，要求仕様・機能の追加によるコスト変動については，商品企画フェーズの最初の構想設計段階では，コスト付き部品表の概略を作成して原価を算出することが多いです。営業やプランナーと仕様を確認し，図面化し，原価見積をし，積み上げ算出をすれば精度は高くなりますが，構想設計段階では，通常はそれほど精緻な見積はおこないません。

つづいて，目標達成のための改善施策を出し，達成シナリオを策定します。中期経営計画や事業戦略，各機能部門戦略にもとづく大きな達成（改善）施策がある一方，多くは，開発・調達・生産の各機能部門で改善検討した各種VE/VA（Value Engineering/Analysis）施策により，達成シナリオを策定します。

最後に，開発活動機能ごとに策定した達成シナリオを，原価推進責任者は，全開発活動機能分を合わせて整理し，開発商品としての目標達成シナリオを策定します。

（2） シナリオ具現化と目標原価達成活動（製品企画フェーズから目標達成まで）

策定したシナリオにもとづいて具現化する活動をおこないますが，実態は，シナリオ策定後に具現化活動に移行するのではなく，改善案を検討・策定したら，すぐに目標原価達成活動を実施します。

シナリオの具現化は，各開発フェーズのコストレビュー会（時には，商品化会議提案）前までにおこないます。この時に目標未達であれば，目標達成までの活動シナリオを策定し，「達成見通し値」を明確にして，コストレビュー会と商品化会議に提案します。

シナリオの策定・具現化は，目標達成のできる施策を抽出し具現化できるまで，繰り返し実施します。計画納期までに目標を達成できない場合は，達成時期を明確にして量産製造開始後も，引き続きおこなわれます。

Q47 富士ゼロックスの原価企画の目標原価達成活動

目標原価達成活動とは，具体的にはどうような活動でしょうか？

A

目標原価を達成するための主要な取り組みを８つ紹介しましょう。

① ベンチマーク手法による改善

ベンチマークとは，競合，自社を問わず，会社・部門単位での類似業務の中からベストの値にもとづき設定される自社・自部門の測定可能な目標値です。

ベンチマーク活動の代表例として，部品費の改善について説明します。

まず，比較・分析対象として，開発商品に機能仕様が近く，製造原価が最少もしくは優れた競合機を１つから３つほど選定し，自社前任機を加えます。事前に，競合機を分解し，各部品をコストテーブルで見積もり，コスト付き部品表を作成し，部品の「業種（開発商品で使用する部品を，製造時の材料種類や加工方法により区分けしたもの）」別分類を用いて，自社前任機も含めて部品を「業種」別に整理し，同一「業種」ごとに部品点数と原価合計，設計上の重要部品原価などを比較します。このとき，できる限り性能・仕様を合わせて比較し，最低原価の部品を積み上げた最低原価商品がベンチマーク商品となります。

次に，以上の比較・分析の後，ベンチマーク商品の部品構成を目指す具体的な活動をおこないます。ベンチマーク活動（ベンチマーキング）は，目標の達成手段が部品として実在するため，取り組みやすい活動と言えます。ただし，本来はベンチマーク対象の部品原価を下回ることを目指しているものの，対象部品の原価に追いつくことが精一杯であることが多いです。

ほかにも，ベンチマーク手法は，部品やユニットの機能，コストテーブルによる見積原価，使用部品点数，使用材料などの比較を通じて，原価改善に活用されています。

②　改善検討会による改善メニューの抽出と改善

改善検討会とは，組織横断的に，開発活動機能メンバーやほかの関連部門メンバーが集まり，改善アイデアを出し合い，検討する会議体です。例えば，目的と日時，場所，活動対象（部品「業種」や開発活動機能など改善活動の実施対象），改善目標額を開示し，メンバーを招集し，改善メニューを検討します。

改善検討会の利点は，多角的な視点から検討することで，改善アイデアを多く抽出できることや，メンバー間のコミュニケーションと連携を図ることで，円滑に速く，改善施策を導入できることにあります。

改善検討会での検討は，改善検討会を開始する前に各関連部門で抽出されたアイデアにもとづくため，当該商品の開発担当でなくても，活動対象の知見やアイデアを持っている人が参加することが望ましいと言えます。また，改善目標額も活動対象別に設定する方が，各関連部門でのアイデア抽出を促進します。

③　**設計仕様のスリム化**：顧客や企画部門からの要求仕様を安定品質，低コストの方法で実施できないかを検討。

④　**経営上の戦略**：技術戦略，特許戦略，取引先戦略，販売先戦略，法規や規定（安全・評価など）などによる顧客要求仕様・機能のスリム化を検討。

⑤　**新技術導入による改善**：商品・部品レベル，工程設計，加工などの新技術採用による改善。

⑥　**共通化・標準化**：新設計部品を減らし，品質が安定した既存・標準部品や共通部品の使用により，購入量を増やし，低コストで購入。

⑦　**開発購買**：企画段階から取引先と特定部品やユニットの開発・設計を協同・協業することによる改善。

⑧　**各関連部門の戦略**：開発戦略，調達戦略，生産戦略を，製品開発やモノ作りに導入することによる改善。

Q48 富士ゼロックスの原価見積・評価と検証

原価見積・評価と検証とは，どのようなものでしょうか？

A

(1) 原価見積・評価（商品企画フェーズから量産フェーズまで）

開発フェーズ移行時のコストレビュー会や商品化会議に向け，原価推進責任者は，商品原価見積値を算出します。

このため，開発活動機能の開発メンバー（開発部門）で部品表（BOM：Bill of Materials）の構成体情報（部品名，部品番号，使用個数や階層構造など）を更新し，開発商品QCD（Quality, Cost, Delivery）責任者や原価推進責任者，開発活動機能でBOM情報を一時確定させ，BOMに記載された部品図面の原価見積を原価条件に沿って実施します。

原価推進責任者は，その結果を，確定したBOMに記載し，積み上げをおこないます。この値が，部品費や金型費になります。加工費は，工数見積値から算出し，原価構成表に入れて整理し，商品原価見積値となります。

商品原価の多くを占める部品費の原価見積は，①設計見積，②コストテーブルによる見積，③取引先見積の３つを組み合わせます。商品企画フェーズでは設計見積，製品企画フェーズではコストテーブルによる見積（一部，取引先見積），基本・量産設計フェーズ以降では取引先見積が多くなり，実際原価に近づいていきます。

3つの原価見積

① 設計見積
② コストテーブルによる見積
③ 取引先見積

① 設計見積

設計者自身による原価見積です。

商品企画フェーズでは，まだ図面がない構想設計であるものの，設計見積の実施は重要です。製品企画フェーズ終盤以降では，部品の仕様が図面に表現され，構想設計よりも見積精度は上がります。富士ゼロックスでは，設計者自身が簡単に原価見積できるように，簡易見積書（手軽に，簡単な計算式で見積もるためのツール）を用意しています。

また，3D-CAD（Computer Aided Design）に部品図の原価が計算できるソフトが組み込まれているものもあります。理想的には，設計者自身で原価見積をおこない，実績値と対比して分析することで，QCDのバランスを取りつつ，特徴ある商品の開発ができるようになります。

② コストテーブル（見積基準）による見積

原価管理機能部門では，コストテーブルの策定・改訂，コストテーブルによる評価・分析を担当しており，これらを使った原価見積です。

コストテーブルは，材料費，加工費（加工賃率×工数），輸送費，梱包費，（取引先が確保する適正な）利益，管理費などについて，材料種類ごとの加工方法に合わせてテーブルを用意し，これらのテーブルを組み合わせて原価見積をします。

コストテーブルによる見積対象は，設計図面と競合機を分解した（テアダウン）部品の現物の２通りです。

コストテーブルの使用目的は，以下の４つです。

1．新商品原価の評価：設定された原価条件による設計図面をもとにした原価見積
2．競合機原価の評価：設定された原価条件による分解された部品から見積パラメータを抽出する原価見積
3．目標値の設定：自社機や競合ベンチマーク機のコスト評価値を使い，部品費や金型費の購入目標値設定や，部品見積値や加工費などを積み上げる商品目標値・費目目標値の設定
4．原価改善：ベンチマーク活動（ベンチマーキング）からの原価改善や，物理指標目標（重量・部品点数・ネジ点数・I/O本数など）からの改善のための原価見積

③　取引先見積

標準・共通部品以外の部品図面ができた後に，部品原価の目標値とともに取引先に依頼する原価見積です。依頼先は，生産条件や取引実績，安定供給など，調達戦略・条件によって選択し，競争見積をすることもあります。

（2）　見積原価の検証（製品企画フェーズから生産準備フェーズまで）

原価推進責任者は，部品費や金型費の見積値が算出された後，部品費や金型費の各目標値に対する達成度を見える化し，改善活動につなげるための検証をおこないます。

代表的なものを３つ挙げておきます。

①　開発活動機能別達成検証

開発活動機能別目標値に対して，設計見積値，コストテーブル見積値，取引先見積値の３項目を並記し（一部の見積値しかない部品もある），取引先見積値で目標達成を最終判定します。目標未達の開発活動機能は，達成に向けたさらなる改善活動をおこないます。

基本的には，「設計見積値≧コストテーブル見積値」の場合は，設計の見直し，

「コストテーブル見積値≦取引先見積値」の場合は，調達交渉の再検討の方向で，目標達成を目指します。

このように，コストテーブルによる見積値により，その後の活動担当を決めますが，開発活動機能内で各機能（開発・調達・生産）が協力して改善することが望ましいと言えます。

②　高額部品別達成検証

部品目標値とコストテーブル見積値および取引先見積値との差異を出し，差異が大きい順にリスト化し，差異要因にもとづき，開発活動機能は，改善検討をおこないます。

③　材料種類別・取引先別達成検証

材料種類ごとに，目標値とコストテーブル見積値および取引先値との差異をリスト化し，取引先別に層別し，差異要因にもとづき，開発活動機能は，改善検討をおこないます。

Q49 富士ゼロックスの目標原価未達要因と対策・対応

目標原価未達要因と対策，未達への対応は，どのようなものでしょうか？

A

（1） 目標原価の主な未達要因と対策

<外的要因と対策>

生産場所や材料・部品調達のグローバル化により，為替や材料費の変動など，経済変動の影響を受けやすくなっています。

基本的には，為替レート値は，商品化会議で目標原価が承認された原価条件で目標達成評価をおこない，組織や個人の業務評価にも適用されます。

ただし，前述のとおり，初期流動フェーズで標準原価と実際原価の為替条件を合わせて評価し，必要に応じて，標準原価以下になるように改善活動をおこないます。

材料費変動は，原価条件に含められていないため，実際原価との乖離を生じにくくするため，商品化会議で目標原価が承認される前段階で，調達部門が材料費変動見通し値を設定します。

<内的要因と対策>

① 製品企画フェーズ終了以降で，企画プランナーや営業から，販売価格・量の見直し要求や，機能・仕様の追加・変更を要求されることがあります。

市場や顧客状況の把握不足から発生する要因で，販売価格・量の前提が崩れた場合には，目標原価の見直しが必要になります。

② 新技術や内製部品の開発において，承認済みの納期や設定価格，品質目標を達成できないことがあります。

各技術・部品の問題を解決することが望ましいのですが，現実的には，目標原価達成時期と目標達成まで代用部品を使用することで発生するコストアップリスク額と，コストアップが新技術導入まで発生するインパクト利益額を明確にすることで対応します。

本来的に，新技術開発や内製化は，商品開発前の中期戦略における戦略的取り組みであり，こうした個別の商品開発に先立つ戦略的な取り組みの管理を確実に実施する必要があります。

最近では，商品企画フェーズ前の新技術開発段階での原価企画活動を実施する方向に向いています。

③ 目標設定・展開やコストチーム編成に時間を要し，シナリオ策定や目標原価達成活動時間が不十分になることがあります。

製品企画フェーズの終了時点までに，目標達成の見通しが得られることが理想ですが，少なくともこの時期までに，目標原価達成活動（PDCA：Plan-Do-Check-Action）の仕組みを一通り回して，課題に対応した活動を実施している必要があります。

④ 開発商品QCD（Quality, Cost, Delivery）責任者が，既定の商品開発プロセスから逸脱したり，原価推進責任者も含め，マネジメント力やスキルなど（原価管理の仕組みや開発プロセスについての知見と高い達成意欲）の不足により，目標原価達成活動を推進できないことがあります。

こうした能力・意欲は，教育や経験を通じて養われるものです。また，開発商品の特性（フルモデルチェンジかマイナーチェンジか）に応じた人選も有効です。

⑤ 設計者の原価管理活動に対する理解や熱意が乏しかったり，調達・生産スタッフのコストチーム活動に対する支援が不足することがあります。

OJT（On-the-Job Training）による教育に加え，Off-JT教育も活用した人材育成が必要です。

⑥　ここでは，マネジメントの観点から目標原価達成活動について説明していますが，根本的な要因に，目標達成のための改善施策を出すことに行き詰まることがあります。多角的視点からアイデア出しを図ることが基本ですが，ベンチマーク手法を駆使して改善施策を抽出することも有効です。

（2）　目標未達への対応（目標変更，達成許容率目標の設定，達成時期の延期）

富士ゼロックスでは，決められた「目標設定のプロセス」に従った設定目標値を「あるべき姿の目標値」と呼び，商品開発の責任者が達成できないと判断した時に，その理由，新目標設定値，達成見通し値，ビジネス採算性を，商品化会議に提案し，承認されると新目標に変更設定することができます。

実際に目標原価値を変更する時期は，製品企画フェーズが終了する前のコストレビュー会と商品化会議までが多いです。これは，この時期までに，QCD目標達成をコミットメントする提案にあたり，目標達成をするための使用技術や施策，原価条件を満たしているのかを，十分に確認し，判断するためです。

また，目標原価値の達成許容率目標（＋○％以下）の設定を検討し，QCD目標値を提案・審議する製品企画フェーズの商品化会議で実行したこともありましたが，この仕組みが定着することはありませんでした。

本質的な理由は，許容率を厳格なロジックをもって設定することができなかったためです。

実際に，達成許容率目標を５％程度超過しながら開発を進めた後，量産製造時には目標原価を達成できた商品もあります。

20年程前の開発商品では，目標原価の未達を理由に，途中で開発中止となることはありましたが，これ以降はほとんどそうした例は見られません。計画どおりに目標原価を達成できない場合でも，達成時期・施策を明確にして，達成時期の延期の承認を受けることで対応しています。

10年程前の主要開発商品では，計画した製造開始日から６カ月後に目標を達成（計画した製造開始日時点での未達成率は数％）した商品が数機種ありました。目標を達成する見通しがない開発商品では，達成時期・施策を明確にすることができず，提案しても承認を受けることはできません。しかし，達成時期が遅れても達成見通しが立てられ，目標達成時期延期の提案が承認を受ければ，機会損失を少なくすることができますし，これまでの投資のリターンが見込めます。製造開始後の6カ月間とは，初期流動フェーズにあたり，商品開発QCD責任者やチームメンバーは，開発段階と同じ体制で目標達成活動を実施することになります。

Q50 富士ゼロックスの原価企画における予備費の取り扱い

原価企画における予備費は，どのように取り扱っていますか？

A

(1) コスト変動を抑制する予備費の設定

目標達成管理段階におけるコスト変動を抑制するために，変動管理予備費（以下，予備費）を設定しています。

コスト変動管理は，コスト変動のリスクを最小限に抑え，商品目標原価値を達成するためにおこなう管理活動で，開発機能単位ごとに割り付けられた目標原価について達成活動をおこないますが，各機能単位が目標値を下回ることなく設計すると，目標原価達成管理段階において，コストアップする品質トラブル等が発生し，その対策コストが想定以上にかかることも多く，そうなれば，商品目標原価は未達に終わることになります。

その対策として予備費管理を実行しています。

予備費は，原価目標値を費目ごとに分解する時に，将来のコストアップ変動の対策費用として「部品予備費」，「金型予備費」，「加工費予備費」を各費目目標値とは別に確保し，各機能単位に割り付けます。目標原価の達成活動中に発生するコスト変動に対しては，まず開発機能単位の目標値を狙った変動管理を実施しますが，実際には，コスト変動管理開始時点（コスト変動管理を実施する時期や期間は，目標達成管理の時期や期間とほぼ同じ）で予備費がなければ各機能別目標値までの余裕費用はほぼありません。そこで予備費を上限として変動額を抑制する管理を実施します。

この管理を量産製造開始前まで実施し，この時点で予備費に残額があれば商品目標原価を達成することとなります。

予備費の決め方は，例えば「部品予備費」では，過去の経験にもとづき，出図（製造に必要な図面を発行すること）された図面に対してコストアップ額と改善額の合計から，この先のコストアップ予測額が算出されます。予備費金額は商品化会議提案時に原価管理機能部門の設定基準として決められており，各フェーズ移行提案時のコストレビューで確認しています。

予備費の費消管理方法はいくつかありますが，代表例を紹介します。

Q&A 41で述べたとおり，開発商品QCD（Quality, Cost, Delivery）責任者がコスト変動管理全体の責任を負いますが，予備費の費消状況の見える化は，開発商品QCD責任者をサポートする原価推進責任者が実行管理をおこないます。開発商品QCD責任者は，この管理状況を確認して，各変動メニューの変更可否を判断しています。

（2）　予備費の費消状況の見える化

予備費管理の基本的方法として，費消責任を負う開発商品QCD責任者のもとで使用可能な上限を決め，原価推進責任者が予備費の費消管理（設計者から申告されたコスト変動予測額を積み上げ，予備費内に収まるかを確認し，費消状況を見える化）をしています。

この予備費管理を「家計簿管理」とも呼んでいます。

原価推進責任者が，設計者から申告されたコスト変動額を適正値より少ないと判断した場合には，より正確な見積を設計者に要請し，確認します。費消案件情報（変動メニューならびにコスト変動額）を原価推進責任者に集めることでタイムリーな費消管理が可能となります。

そのことで，コスト変動額が大きい案件を早く捉え，変動内容を確認し，開発商品QCD責任者とともにコスト変動額の極小化を図る活動を仕掛けることができます。

また，メニューによっては構成変更によるコスト変動が開発機能チーム間を移動し，調整が必要なものも出てきます。そのような場合には，原価推進責任者の裁量による調整力が必要となりますが，その結果，該当の開発機能チームは活動しやすくなり，より確実な管理が可能となります。

予備費の費消管理状況を**図表Ⅲ－5**に例示しました。これは，A機種の部品予備費と金型予備費の費消状況をプロットグラフ化して週次管理し，その推移を見える化したものです。

［図表Ⅲ－5］　予備費の費消管理状況の見える化

【A機種の部品予備費のコスト変動額の推移】

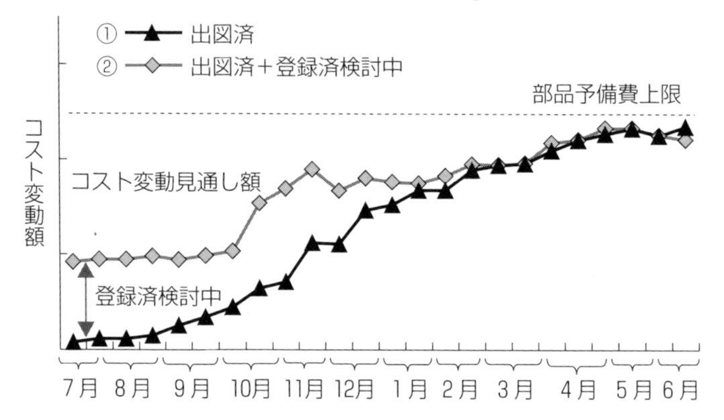

【A機種の金型予備費のコスト変動額の推移】

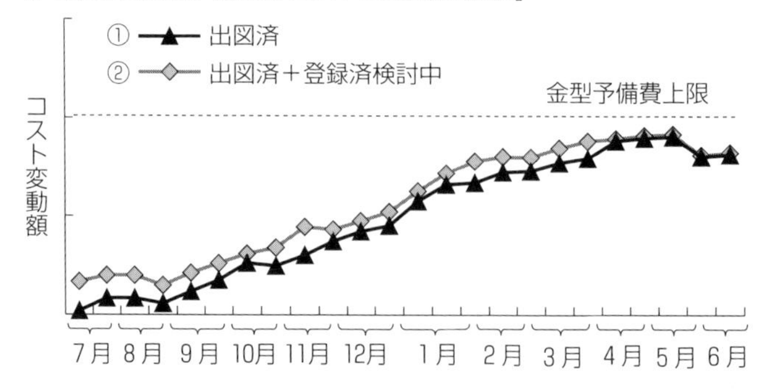

予備費のコスト変動額のグラフは，２本のグラフで示し，①図面変更して出図され，取引先見積回答により確定したコスト変動額グラフと，②変動メ

ニュー表に登録されたものの図面変更出図前のメニューによる「登録済検討中」のコスト変動額に①を合計したグラフがあります。このグラフ②は，その時点で近い将来に達成する見通し値を示していて，「コスト変動見通し額」と呼んでいます。

部品予備費のグラフ①の傾きを見ると，コスト変動管理開始初期段階では大きいものの徐々に小さくなり，最終的には収束します。また両予備費の２つのグラフはコスト変動管理開始初期段階では開きがありますが，開発が進むにつれてグラフ②のプロット点に収束しています。

こうした傾向から，コスト変動管理途中の段階では，グラフ②の推移傾向を見て，費消見通しの予測をしています。ここからも，商品目標原価値の達成見通しを予測することができます。

以上が予備費の費消管理の代表的な事例ですが，開発機能チームで費消管理をする方法もあります。

これは，開発機能単位で目標原価値を有して活動している開発機能チームリーダーに，変動管理予備費を割り付け，管理する方法です。各開発機能チームには，部品や金型の費目目標値と部品や金型の予備費目標値の２つの目標値が１つの費目に対して配分，設定されることになります。

各開発活動機能チームは，自チームに与えられた管理値内であれば自由に費消できるため，開発機能チームから見ると活動が楽になります。その一方で，２つの目標値を同一化して達成目標として管理してしまうことが多いため，一部の開発活動機能チームでは費消管理をせず，結果として目標未達になってしまう事例も散見されました。

Q51 富士ゼロックスの変動管理：実行方法，管理帳票と運用

変動管理の実行方法はどのようなものでしょうか？　また，どのような管理帳票を用いて，どのように運用しているのでしょうか？

A

コスト変動管理は，コスト変動のリスクを最小限に抑え，商品目標原価値を達成するためにおこなう管理活動です。コスト変動管理をおこなう時期は，図面の出図（製造に必要な図面を発行すること）から商品の量産開始時点までです。より具体的には，商品化会議でQCD（Quality, Cost, Delivery）目標の提案が承認され，当該商品の目標原価が確定し，それにより算定された当該商品の予定粗利額が確定すると，開発部門から図面が出図され取引先に原価見積を依頼するところから始まり，量産開始時点まで続きます。これは，量産を開始した初期生産商品から実績値で，商品目標原価値を達成することを意図しています。

（1）　コスト変動管理の実行方法

コスト変動管理の実行フローの代表例を**図表Ⅲ-6**に示しました。

商品開発活動の中で商品開発目標設定後に，商品化会議（business review）でQCD目標値を提案し，承認を受けると出図が開始され，購入部品については，取引先へ図面が渡され，原価見積活動に入ります。

開発活動では，ここから細部にわたる本格的な試作・評価が始まり，仕様・機能の作り込みがおこなわれ，品質を確立する活動も同時に実施しています。

また，生産活動に向けた部品の組み上げ工程の作り込みや生産準備活動も実施しています。

開発活動に入るとトラブルが多数顕在化し，コスト変動も多くなります。こ

のコスト変動に対する取り組みを，活動の流れに沿って，以下のとおり説明します。

［図表Ⅲ-6］　コスト変動管理フロー

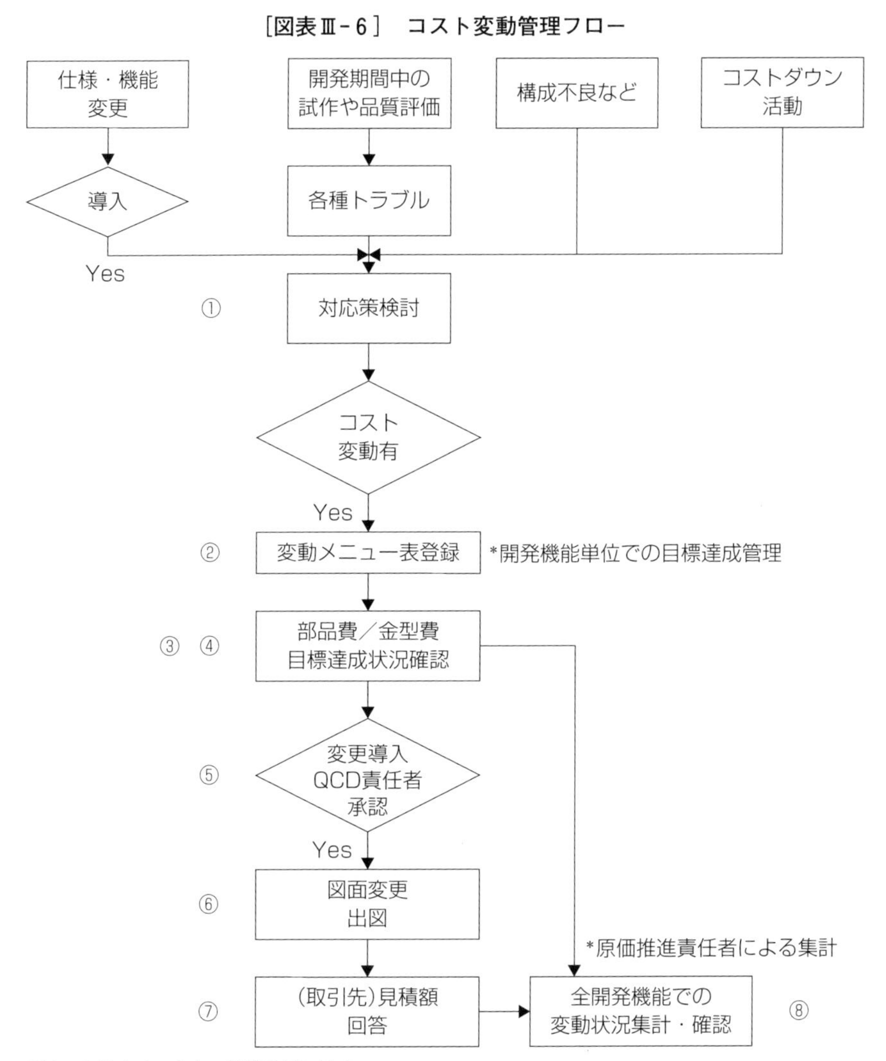

（注）　○数字は，本文の説明番号に対応。

①　開発期間中のコスト変動メニューの発生と対応策の検討

開発期間中にはさまざまなコスト変動メニューが発生します。

例えば，本格的な試作や品質評価による予想外の品質不良の発生，保守・安全・環境対応などのトラブルの発生，本来あってはならないのですが，企画時に曖昧にして設計を開始してしまった要求機能の詳細を詰めることによる仕様変更や追加機能要求による設計変更，部品表の中の構成体情報に構成不良が発覚しコストアップが予測される変更，コストダウン活動による改善メニューの計画などです。

こうした変動メニューへの対応策を検討します。

②　変動メニュー表への登録

コストアップやダウンが予測される変動メニューを早く見えるようにし，アップ額を極小化できるように，計画された変動メニューの変更予定内容・部番（部品番号），変動予測額等を変動メニュー表（**図表Ⅲ-7**）に登録し，変更対応策の確認と検討をおこなう準備をします。

コスト変動予測額の登録は，図面化前のため設計者の予測額となります。ただし，経験が浅い設計者や自信がない設計者には，問い合わせにより原価管理機能部門（見積担当者）が対応し，コストテーブルによる原価見積を実施し，その精度を上げるようにしています。

③　開発活動機能チームリーダーからの変更申請

主として，部品費・金型費について，変動メニュー表に登録されたメニューは，開発活動機能チームリーダーが，その内容と開発機能目標を達成しているかを確認した上で，開発商品QCD責任者に申請します。

④　開発商品QCD責任者による確認

開発商品QCD責任者は，すぐに，変更内容とコスト変動予測額を確認し，妥当な変更か，アップ額を極小化するほかの案はないか，目標値以内に入っているか等を確認します。

アップ額を極小化できる案がほかにあったり，目標原価未達であれば，開発活動機能チームリーダーに戻され，再検討を指示されます。

⑤　開発商品QCD責任者による変更承認

変更予定メニューの確認後，変更することに問題がなければ承認されます。開発商品QCD責任者や原価推進責任者は，②～⑤のサイクルを早く活動させて，よりコスト変動を極小化した案で承認されるようにコントロールすることで，開発行為を滞りなく進める努力をしています。

⑥　変更図面の出図

開発商品QCD責任者により変更予定メニューが承認されると，図面変更ならびに変更手続きが開始され，出図されて取引先に渡ります。

⑦　取引先からの原価見積額の回答

取引先からの原価見積回答値が変動予定額を下回れば，そのままの変更図面で進めます。

回答値が変動予定額を上回ると，調達部門担当による取引先との交渉を中心とした原価改善活動を実施します。しかし，交渉ではコスト乖離が解消できないと判断されると，設計に戻して設計者による改善検討を実施することもあります。

⑧　全開発機能での変動状況の集計・確認

開発機能ごとのコスト変動予測額（④で算定）とコスト変動実績額（⑦で算定）を，全開発機能について原価推進責任者が集計し，開発商品QCD責任者が確認することで，目標設定時の予備費以下になるように費消管理します。

この変動値推移を見える化することにより，設計者は予備費の減少がわかり，変動を抑制する意識付けにもなっています。

以上のように，コスト変動管理活動は，商品目標原価達成のための管理手段として実行されています。

コスト変動管理活動では，基本的には，開発機能単位で予備費の費消，開発機能単位での目標値の達成状況を見て変更可否判断をしています。

しかし，ある開発機能単位の目標達成が危うくなった時には，開発商品QCD責任者が，全開発機能の達成状況を整理・確認し，変更可否判断をしています。

例えば，⑦の活動において，コスト乖離が残るものの製造段階までの時間的な余裕がなくなってくると，提案された変動メニューは発行図面を変更せずに製造準備に移行していきますが，製造段階での原価改善活動メニュー候補として残され，製造開始後もコストアップ額を抑制する活動をおこないます。この実行は，コスト体質強化にもつながっています。

（2） コスト変動管理帳票と運用

コスト変動管理のために，コスト変動メニューを登録・管理する帳票である変動メニュー表（**図表Ⅲ-7**）などを活用します。変動メニュー表は，開発機能単位ごとに記載管理され，開発機能単位の責任者は設計リーダーが務めます。

コスト変動（アップ／ダウン）の発生が予測された時に，設計者はこの帳票に変更メニュー，変更図面番号・名称とともに，変更する前のコスト，変更時のコスト変動予測額（アップ／ダウン）とアップの際には理由等を記載します。変更前コストの精度を確認できるように，変更前コストが設計者見積額か，コストテーブル（基準）による見積額か，取引先見積額なのかを選択して対象欄にコストを記載します。

変動メニューの導入予定時期は，計画段階で記載し，計画に沿った導入がされたのかを実績日まで管理しています。導入ランク（比率）は，コストダウンのリスク管理のために使用し，リスクの程度をリスクなし（100%）からリスク大まで比率で表し，「コストダウン額×比率」の算出結果を，ランク後欄に記載します。

［図表Ⅲ-7］　変動メニュー表

開発機能名：	責任者：	目標値	購入部品費：¥	図面コスト	購入部品費：¥
			金　型　費：¥		金　型　費：¥

担当部門	メニュー内容	部番	図面名称	導入前コスト			Up予測/理由		Down予測			導入予定	導入実績
				設計	基準	取引先	額	理由	額	導入ランク（比率）	ランク後		

変動メニュー表の運用上の留意点は，コスト変動額を極力少なくするための見える化を重視していることで，初期登録時の原価見積精度が低くても，設計者に速やかに登録してもらうことが重要です。

実際に，コスト変動予測額は，図面変更内容が未確定の段階での設計者の見積のため精度がかなり低いこともあり，コストテーブルによる見積の実施や，変更がほぼ確定した時点で見積額を修正するなどして精度を高めるような工夫をしています。

さらに，全開発機能のコスト変動を定期的に集計し，商品単位での変動額全体の推移を捉えています（**図表Ⅲ-6**⑧の活動）。集計するコスト変動は，「コスト変動予測額（メニュー表に登録された段階）」と「コスト変動実績額（取引先回答があった額）」であり，原価推進責任者が集計し，開発商品QCD責任者が確認しています。

Q52 富士ゼロックスの生産準備・量産フェーズにおける目標達成管理

原価企画後の生産準備・量産フェーズでは，どのような目標達成管理活動をおこなっているのでしょうか？

A

新商品開発が生産準備フェーズになると，生産出荷商品ごとに標準原価を設定し，年度予算値となります。

量産フェーズでは，次年度が始まる前に生産している全商品の予算編成をおこない，標準原価を戦略的に見直します。これらの商品も，標準原価を目標値にした達成活動をおこないます。

富士ゼロックスでは，量産製造している商品の種類が多いため，代表商品を設定し，その実際原価を，製造原価の大部分を占める材料費と加工費の変動（改善）詳細を月度把握することにより，商品の目標原価の達成度合いを確認しています。部品費は，生産工場で作成されるコスト付きBOM（Bill of Materials）にもとづき，積み上げ，算出します。加工費は，工数や実績賃率（工場総費用／工場総工数）を把握しますが，改善検討時は，予算賃率を使って評価することが多いです。

また，販売管理部門からの原価改善要求により，改善活動を始めることがあります。この場合，開発部門が主導して，次期開発商品の原価企画活動とともに，量産フェーズの改善活動を実施することが多いです。

現在では，2005年頃から始めた量産フェーズでの新たな目標原価達成活動が定着しています。販売開始後の継続的価格下落（ときに年10%超）に対応するため，全生産商品を製造原価改善の対象とし，部品費や加工費，生産経費などの改善目標額を設定し，目標原価達成活動を実施しています。

この活動は，役員がリーダーとなり，開発・生産・調達・生産技術部門が連携した活動をおこない，週次でPDCA（Plan-Do-Check-Action）を回した目標原価達成活動を実施しています。

Column・14　富士ゼロックスの原価企画の成功要因

目標原価達成には，目標達成のための改善施策を創出でき，目標達成管理の仕組みを構築し，ルールに従って運用することが重要です。

その中で，富士ゼロックスで原価企画が定着した成功要因は，原価見積・評価をおこなう専門集団がおり，経営トップや開発・生産役員が原価企画活動の必要性を認識し，原価管理活動を専門に統括する原価管理機能部門と原価推進責任者を設置してきたことにあります。

加えて，この第Ⅲ部でも紹介したように，以下の仕組みをうまく構築・運用してきました。

① 原価管理機能部門が，原価企画活動や管理の仕組みを，全商品で一元的に統括している。

② 新商品の原価企画を実行するために，原価機能部門に所属する原価推進責任者を配置し，目標設定から達成活動までを一貫して主導し，コスト評価（見積と積み上げ）と目標達成に向けたマネジメント（目標と比較し差異を確認し，対策を決定）をおこない，コストレビュー会を実施している。

③ ベンチマーク手法やコストテーブルを一元化し，部品，商品などの目標原価設定・達成活動に活用するとともに，新商品・現行商品の原価を改善し，作り込むための「コスト戦略」にも使用している。

④ 部品原価から商品ごとの製造原価を明らかにし，商品貢献利益から全社損益につなげている。原価構成表は，開発時，実績時，予算時に使用するものがつながっていて，費目ごとの責任者を明確にしている。

⑤ 原価管理機能部門が，予算編成機能を持ち，新商品の製造原価や量産製造後の総原価（製造原価×年間生産台数）の予実管理をおこなっている。

⑥ 活動担当から経営層までが，これまでの原価管理活動の経緯と成果

について，コストレビュー会や商品化会議で，目標達成見通しツインチャート（**図表Ⅲ-4**）を報告し，目標原価達成の可否，目標原価値の達成差異と対応責任機能部門を見える化する仕組みになっている。

重要な点は，「原価の見える化」です。原価の目標値を設定し，現状値を捉え，目標との差異を正確に認識し，その差異を埋める課題に素早く対応し，その結果を確認します。このPDCA（Plan-Do-Check-Action）マネジメントは原価が見えていなければ回りません。

「原価の見える化」のマネジメントを確実に実行できれば，目標達成ができ，商品利益の向上につながります。

原価企画の仕組みの構築と運用に完成形はなく，社内外の環境変化に応じて，変化（修正と構築）させる必要があります。また，ヒトも入れ替わるので，属人的管理にならないように，仕組みやフローを資料で表現し，メンバー間で共有し，伝えていく必要があります。

索　引

欧文・数字

か 行

さ 行

た 行

は 行

ま 行

ら 行

≪著者紹介≫

吉田　栄介（よしだ　えいすけ）　慶應義塾大学商学部教授

1968年　大阪府出身。

2000年　神戸大学大学院経営学研究科修了，博士（経営学）。

2017年から2018年　公認会計士試験委員。

日本原価計算研究学会『経営会計レビュー』創刊編集長，実践経営会計塾主宰。

主要業績は，『持続的競争優位をもたらす原価企画能力』中央経済社（日本会計研究学会太田・黒澤賞，日本原価計算研究学会賞），『日本的管理会計の探究』中央経済社，『日本的管理会計の深層』中央経済社，『花王の経理パーソンになる』中央経済社など，受賞歴，著書・論文多数。

伊藤　治文（いとう　はるふみ）

1955年　神奈川県出身。

2020年　伊藤企画・設計 設立。mail: hrfmit@ma.scn-net.ne.jp

精密機器メーカーで官公庁向け通信機器の開発設計を経て，1983年富士ゼロックス株式会社に入社。設計リーダー，開発主査として商品開発を統括後，原価管理部門で原価推進責任者，原価管理部長を務め，調達本部で活動。この間，原価企画や原価改善などに関して，セミナーでの講演や製造企業へのアドバイザー活動を実施。

実践 Q&A コストダウンのはなし

2021年2月10日　第1版第1刷発行

著　者　吉田栄介
　　　　伊藤治文

発行者　山本　継
発行所　㈱中央経済社
発売元　㈱中央経済グループパブリッシング
〒101-0051　東京都千代田区神田神保町1-31-2
電話　03 (3293) 3371 (編集代表)
03 (3293) 3381 (営業代表)
https://www.chuokeizai.co.jp
印刷／昭和情報プロセス㈱
製本／㈲井上製本所

ISBN978-4-502-37211-7　C3034